아함경

인생의 지침

아함경

돈연 옮김

민족사

차례

1. 싱갈라를 가르치다(教誡싱갈라經) ··· 007

2. 우빨리의 귀의(우빨리經) ··· 034

3. 라타파라의 출가(라타파라經) ··· 066

4. 진리의 상속자(法嗣經) ··· 096

5. 인간 사회의 성립과 기원(起源經) ··· 106

6. 뿌르나를 가르치다(教誡뿌르나經) ··· 117

7. 까사빠 장로(가섭 비구) ··· 124

8. 바칼리를 가르치다 ··· 140

9. 비구니와 악마의 대화 ··· 150

10. 독화살의 비유(마룽끼야經) … 162

11. 바른 길과 삿된 길(大四十經) … 170

12. 밤 사이에 어진 사람이 되다(一夜賢者經) … 186

13. 네 가지 성스러운 진리(四諦分別經) … 193

• 아함경 역주 … 206

• 아함경 해설 … 210

차례

일러두기

—

1. 민족사판 『아함경』은 빨리장경(PTS本)의 5부 아함 중에서 교훈적인 경
   전을 선별하여 번역하였다.

2. 번역은 경전의 장중한 가르침을 살리면서도 누구나 쉽게 이해할 수 있도
   록 평이한 문체를 사용하고자 노력하였다.

3. 각 경전에 삽입되어 있는 소제목과 역주, 해설은 내용과 구성에 따라 독
   자들의 편의를 위하여 역자가 붙인 것이다.

1

—

싱갈라를 가르치다
(敎誡싱갈라經)

○ 6방에 예배하는 싱갈라

이와 같이 나는 들었다.

어느 때 세존께서는 라자가하(왕사성)의 대나무숲 칼란다카니바파에 머물고 계셨다.

어느 날 대부호의 아들인 싱갈라는 이른 아침, 왕사성을 나와 머리와 옷을 단정히 하고 합장한 뒤 동·서·남·북·상·하의 여섯 방위에 예배하고 있었다.

그때 세존께서는 이른 아침, 옷과 발우를 손에 들고

탁발하러 가시는 길에 싱갈라가 단정한 모습으로 여섯 방위에 절하고 있는 것을 보시게 되었다.

세존께서는 싱갈라에게 물으셨다.

"대부호의 아들이여! 그대는 어찌하여 이른 아침, 이곳에서 절하고 있는가?"

"어진 이시여! 제 아버지가 임종할 때에 저에게 '아들아! 너는 날마다 여섯 방위에 예배드려야 한다'라고 유언하셨습니다. 그런 까닭에 저는 아버지의 말씀을 받들고 존경하는 마음에서 이렇게 아침 일찍 단정하게 차려 입고 동서남북상하의 여섯 방위에 절하고 있는 것입니다."

"대부호의 아들이여! 성현의 가르침에는 이런 방법으로 여섯 방위에 예배해야 한다는 것은 없다."

"세존이시여! 그렇다면 성현의 가르침에는 어떤 방법으로 예배해야 하는 것입니까? 부디 저에게 그것을 가르쳐 주소서."

"그렇다면 잘 듣고 주의 깊게 생각하라. 내가 그것을 설하리라."

"그렇게 하겠습니다. 세존이시여!"

싱갈라가 대답하자 세존께서는 다음과 같이 말씀하셨다.

"대부호의 아들이여! 성스러운 제자가 네 가지 행위의 더러움을 버리고 나아가 네 가지 악한 일을 하지 않으며, 또 재산을 잃는 여섯 가지 문으로 나아가지 않는다면 그는 이와 같은 열네 가지의 악행으로부터 멀어지게 된다. 이것이야말로 방위를 지키며, 이 세상과 저 세상의 두 세계를 이겨내기 위해 수행하는 사람이라 할 수 있다. 그는 이 세상과 저 세상의 일을 해결하였으며 육체가 멸한 후에 좋은 하늘에 태어나게 된다."

○ 네 가지 행위의 더러움

"그러면 그가 버려야 할 네 가지 행위의 더러움이란 무엇인가?

싱갈라여! 중생을 죽이는 행위, 주지 않는 것을 빼앗는 행위, 애욕에 의한 삿된 행위, 거짓말하는 행위가 그것이다. 그는 이 네 가지 행위의 더러움을 버리고 떠나야 한다."

이어 스승이신 세존께서는 계속해서 다음과 같이 말씀하셨다.

"살생과 도둑질, 거짓말과 타인의 아내를 범하는 일, 이러한 일들은 현자들이 칭찬하지 않는다."

○ 네 가지 악한 일

"싱갈라여! 다음 네 가지 악한 일을 하지 않는 것은 어떤 것인가?

탐욕에 이끌려 그릇된 길을 걷는 사람, 노여움에 이끌려 그릇된 길을 걷는 사람, 어리석음에 이끌려 그릇된 길을 걷는 사람, 그리고 겁에 질려 그릇된 길을 걷는 사람은 악을 행하기 쉽다.

그러므로 싱갈라여! 성스러운 제자는 탐욕에 이끌려 그릇된 길을 걸어서는 안 된다. 노여움에 이끌려, 어리석음에 이끌려, 또한 겁에 질려 그릇된 길을 걸어서는 안 된다. 이러한 네 가지 방식으로 악한 일을 해서는 안 되는 것이다."

이렇게 말씀하신 후에 세존께서는 다음과 같은 시를 읊으셨다.

탐욕에 이끌려, 노여움에 이끌려, 두려움에 이끌려,
또한 어리석음에 이끌려 법을 깨뜨리는 자,
그는 명성을 잃어 가리니
마치 달이 이지러져 그믐이 되는 것과 같으리.

탐욕에 이끌려, 노여움에 이끌려, 두려움에 이끌려,
또한 어리석음에 이끌려 법을 깨뜨리지 않는 자,
그의 명성은 날로 커져 가리니
마치 달이 차올라 보름이 되는 것과 같으리.

○ 재산을 잃는 여섯 가지 문

"싱갈라여! 재산을 잃게 하는 여섯 가지의 문이란 어떤 것인가?

1. 싱갈라를 가르치다

게으름의 원인이 되는 술과 같은 것에 빠져서 지내는 일은 재산을 잃게 되는 문이다. 아무런 일도 없이 때 아닌 때에 거리를 돌아다니는 것은 재산을 잃게 되는 문이다. 구경거리나 도박 따위에 빠져서, 나쁜 벗과의 교제에 빠져서, 나태함에 빠져서 지내는 일 역시 재산을 잃게 되는 문이다.

싱갈라여! 술은 게으름의 원인이 되는 것이니 술과 같은 것에 빠져 지내면 다음과 같은 여섯 가지의 과오가 생긴다.

지금 당장 재산의 손실을 입게 되며, 다툼이 잦아지며, 쉽게 병에 걸리며, 악평을 듣게 되며, 벌거숭이가 되어 치부를 드러내게 되며, 지혜의 힘이 약해지는 것이다.

이러한 여섯 가지의 과오는 술이나 게으름의 원인이 되는 것에 빠져 지낼 때에 생기는 것이다.

아무런 일도 없이 거리를 돌아다니는 사람에게는 다음과 같은 여섯 가지의 과오가 생긴다.

스스로를 지키지 못하고 방어할 수도 없게 되며, 자신의 아내와 자식도 보호할 수 없게 된다. 또 재산을 지키지도 못하게 되며, 악한 일로 의심을 받게 된다. 그리고 항상 놀라고 두려워하며 또한 허망한 것을 좋아한다.

이러한 여섯 가지의 과오는 아무 일도 없이 때 아닌 때에 거리를 돌아다니는 까닭에 일어나는 것이다.

구경거리에 정신이 팔려 있는 사람에게는 다음과 같은 여섯 가지의 과오가 생긴다.

어디에 춤판이 벌어지고 있는가, 어디에 노랫소리가 있는가, 어디에 음악이 있는가, 어디에 이야깃거리가 있는가, 어디에서 장고 치고 북 치는가, 어디에서 나팔 불고 피리 부는가?

이러한 여섯 가지의 과오는 구경거리에 정신이 팔려 지내는 까닭에 일어나는 것이다.

도박은 게으름의 원인이 되는 것이니 도박에 빠져서 지내는 사람에게는 다음과 같은 여섯 가지의 과오가 일어난다.

도박에서 이긴 사람은 미움을 받게 되고, 진 사람은 마음이 슬프다. 또한 재산의 손실을 입으며, 소송을 해도 그의 말은 신뢰감을 주지 못하며, 친구들에게도 경멸

받는다. 또 도박하는 남자는 아내를 거느릴 자격이 없다고 하여 상대로부터 따돌림을 받는다.

이러한 여섯 가지 과오는 도박과 같은 게으름의 원인이 되는 것에 빠져 지낼 때에 일어나는 것이다.

나쁜 친구와 어울리는 사람에게는 다음과 같은 여섯 가지의 과오가 일어난다.

술주정, 폭음, 과식, 사기꾼, 거짓말쟁이, 폭력을 휘두르는 사람, 이것이 그의 친구가 되는 무리들이다.

이러한 여섯 가지의 과오는 나쁜 친구를 사귀는 까닭에 일어나는 것이다.

게으름에 빠진 사람에게는 다음과 같은 여섯 가지 과오가 일어난다.

'춥다'고 하면서 일하지 않고 '덥다'고 하면서 일하지 않고 '너무 이르다'고 하면서 일하지 않는다. 또 '너무 늦었다'고 하면서 일하지 않고 '배고프다'고 하면서 일하지 않고 '배부르다'고 하면서 일하지 않는다.

해야 할 일이 많은데도 이러고 있는 사람에게는 없던 재산이 갑자기 생길 리 없고 이미 생긴 재산도 없어지게 될 것이다.

　싱갈라여! 이것이 게으름에 빠진 사람에게 생기는 여섯 가지 과오이다."

　이렇게 말씀하신 후 세존께서는 다음과 같이 시를 읊으셨다.

　술 친구가 있다.
　'여보게, 여보게'라고 말한다.
　그러나 어려운 일이 있을 때 친구가 되어 주는 사람
　그가 진정한 친구이다.

　해가 하늘 높이 떠오를 때까지 누워 있거나
　타인의 아내와 교제하는 자
　싸움에 정신이 팔려 다니는 자
　무익한 일에 빠져 지내는 자

　나쁜 친구, 거센 욕망
　이러한 여섯 가지는 사람을 파멸시킨다.

나쁜 친구, 나쁜 무리, 악행을 저지르는 사람
그러한 사람은 현세와 내세에서 파멸한다.

도박과 여자, 술, 춤과 노래, 늦잠
빈둥빈둥 거리를 돌아다니는 자
탐욕스런 자
이러한 여섯 가지는 사람을 파멸시킨다.

술 마시고 도박하며
남의 아내와 사귀고
천한 사람과 어울리며
올바른 사람과 사귀지 않는 자는
점차 달이 이지러져 그믐이 되듯이 스러지고 만다.

재산도 사라져 무일푼인 채
술 마시기만 좋아하는 사람은
물에 빠지듯 빚더미에 빠지고 만다.
이러한 사람은 순식간에

자기의 집을 몰락시키고 말 것이다.

낮에는 잠자고
밤에는 일어나 놀러 다니며
항상 술에 취해 사는 사람
이러한 사람은 가문을 일으킬 수가 없다.

추워서, 더워서, 늦어서라는 이유로
해야 할 일을 하지 않는 사람
이러한 사람에게는 이익이 새나간다.
춥고 더움을 조금도 개의치 않고
사람이 해야 할 일을 하는 사람은
안락함으로부터 멀어지지 않는다.

○ 사귈 만한 사람

"싱갈라여! 다음의 네 종류의 사람은 자신에게 해로
운 사람으로서 사귈 만한 자가 못 된다.

즉 무엇이건 빼앗아 가는 사람은 해가 되는 사람으로서 사귈 만한 사람이 못 된다. 말만 앞세우는 사람, 아첨하는 사람, 좋지 않은 장소에 출입하는 사람은 해가 되는 사람으로서 사귈 만한 사람이 못 된다.

이러한 네 종류의 사람은 자신에게 해가 되는 사람으로 결코 친구가 될 수 없다.

무엇이건 빼앗아 가는 사람은 다음의 네 가지 이유 때문에 해가 되는 사람으로 친구가 될 수 없다.

그는 무엇이건 빼앗아 간다. 적은 것을 베풀고 큰 것을 바란다. 상대방이 자신보다 힘이 클 때에만 같이 움직인다. 또 자신에게 이익 되는 일만 한다.

이러한 네 가지 이유 때문에 무엇이건 빼앗아 가는 사람은 적이 되는 사람으로 결코 친구가 될 수 없는 사람임을 알아야 한다.

말만 앞세우는 사람은 다음의 네 가지 이유 때문에 적이 되는 사람으로 친구가 될 수 없다는 것을 알아야 한다.

그는 과거의 일을 빌미삼아 우정을 가장한다. 미래의

일을 꾀하며 우정을 가장한다. 그는 하찮은 일로 환심을 사려 하고 무슨 일이 일어나면 형편이 좋지 않다고 말하여 도움주기를 거절한다.

이러한 네 가지 이유 때문에 말만 앞세우는 사람은 적이 되는 사람으로 결코 친구가 될 수 없다는 것을 알아야 한다.

아첨하는 사람은 다음의 네 가지 이유 때문에 적이 되는 사람으로 친구가 될 수 없는 사람이라는 것을 알아야 한다.

그는 상대방의 나쁜 점에는 동의하고 좋은 점에는 동의하지 않는다. 타인의 면전에서는 그를 칭찬하고 등 뒤에서는 그를 헐뜯는다.

이러한 네 가지 이유 때문에 아첨하는 사람은 적이 되는 사람으로 결코 친구가 될 수 없다는 것을 알아야 한다.

좋지 않은 장소에 출입하는 사람은 다음의 네 가지 이유 때문에 적이 되는 사람으로 친구가 될 수 없는 사람이라는 것을 알아야 한다.

그는 술이나 게으름에 빠져 지낼 때에 사귄 친구들이
다. 또 빈둥빈둥 거리를 돌아다닐 때 사귀던 친구들이다.
이런저런 모임에서 사귀던 친구들이다. 도박 따위의 게으
름의 원인이 되는 것에 빠져 지낼 때 사귀던 친구들이다.

이러한 네 가지 이유 때문에 좋지 않은 장소에 출입하
는 무리들은 적이 되는 사람으로 결코 친구가 될 수 없
는 사람이라는 것을 알아야 한다."

이렇게 말씀하신 뒤 존귀한 스승이신 세존께서는 다
음과 같이 시를 읊으셨다.

무엇이든 빼앗아 가는 친구

말만 앞세우는 친구

아첨하는 친구

좋지 못한 장소에 출입하는 친구들

이들은 적으로 여겨야 할 네 가지 유형의 사람들이다.

마치 험한 길을 피해가듯이

이들을 멀리 피하지 않으면 안 된다.

○ 어떤 이가 진정한 친구인가

"싱갈라여! 다음의 네 가지 유형의 사람들을 진정한 친구로 알아야 한다.

이끌어 주는 사람이 진정한 친구이다.

또 괴로울 때나 즐거울 때나 변함없는 사람이 진정한 친구다.

상대방의 입장을 생각한 뒤 말을 건네는 사람이 진정한 친구다.

측은한 마음을 갖는 사람이 진정한 친구다.

위와 같은 네 가지 유형의 사람들을 진정한 친구로 알아야 한다.

이끌어 주는 사람은 다음의 네 가지 이유 때문에 진정한 친구로 알아야 한다.

그는 친구가 게으름에 빠지는 것을 지켜 준다. 게으른 친구의 재산을 지켜 준다. 겁에 질린 사람의 의지처가 되어 준다. 무엇인가 해야 할 일이 있을 때에는 상대방 재산의 두 배를 내놓는다.

이러한 네 가지 이유 때문에 이끌어 주는 사람을 진정한 친구로 알아야 한다.

괴로울 때나 즐거울 때나 변함없는 사람을 다음의 네 가지 이유 때문에 진정한 친구로 알아야 한다.

그는 친구에게 비밀이 없다. 또 친구의 비밀을 숨겨 준다. 어려움에 처해 있을 때에도 친구를 버리지 않는다. 친구를 위하여 목숨을 아끼지 않는다.

이러한 네 가지 이유 때문에 괴로울 때나 즐거울 때나 변함없는 사람을 진정한 친구로 알아야 한다.

상대방을 생각해서 말을 건네는 사람을 다음의 네 가지 이유 때문에 진정한 친구로 알아야 한다.

그는 악을 막아 준다. 또 친구를 선으로 이끈다. 아직 듣지 못한 것을 듣게 해 주며, 하늘에 이르는 길을 가르쳐 준다.

이러한 네 가지 이유 때문에 상대방을 생각해서 말을 건네는 사람을 진정한 친구로 알아야 한다.

측은한 마음을 갖는 사람을 다음의 네 가지 이유 때문에 진정한 친구로 알아야 한다.

그는 친구의 몰락을 즐거워하지 않는다. 또 친구가 잘
되는 것을 기뻐한다. 친구의 험담을 막아 주며, 자기의 친
구를 다른 사람이 칭찬할 때에는 그 이상으로 칭찬한다.

이러한 네 가지 이유 때문에 측은한 마음을 갖는 사
람을 진정한 친구로 알아야 한다."

이렇게 말씀하신 세존께서는 다음과 같이 시를 읊으
셨다.

이끌어 주는 친구
즐거울 때나 괴로울 때나 변함없는 친구
상대방을 생각해서 말을 건네는 친구
측은한 마음을 갖는 친구

이들은 네 가지 유형의 친구로서
어머니가 아이를 사랑으로 돌보듯이
현명한 사람은 알아서
그들에게 온갖 정성을 기울인다.

1. 싱갈라를 가르치다

계율을 지키는 현명한 사람은 타오르는 불처럼 빛나니

꿀을 모으는 벌처럼 노력한다면

재산은 자연스레 모이게 된다.

마치 개밋둑이 점점 높이 쌓여가듯이.

이렇게 재산을 모아서

가정에 충분한 이익을 가져오는 가장이 된다.

그리고 재산을 4등분으로 나누어라.

그리하면 친구를 결속할 수 있다.

그 가운데 4분의 1은 자신을 위해 써라.

4분의 2는 일을 위해 써라.

나머지 4분의 1은 저축하여라.

어려움을 당할 때 반드시 쓸모 있으리라.

○ 성스러운 제자의 여섯 방위 예배

"그렇다면 성스러운 제자는 어떻게 여섯 방위(方位)에 예배해야 하는가?

여섯 가지 방위는 다음의 의미를 지닌다.

동쪽은 부모님이고, 남쪽은 스승이고, 서쪽은 아내와 자식이고, 북쪽은 친구와 동료이며, 아래는 하인이나 고용인이다. 그리고 위는 수행자라고 생각해야 한다.

다음의 다섯 가지 방법으로 자식은 동쪽에 해당하는 부모님께 봉사하여야 한다.

즉 부모님의 보살핌으로 자랐기 때문에 자식은 부모를 모셔야 하며, 부모님이 시키는 심부름을 하여야 하며, 가계를 지켜 나가고 집안의 어른자리를 이으며, 적당한 때를 골라 조상님께 제사를 올려야 한다.

이러한 다섯 가지의 방법으로 자식은 동쪽에 해당하는 부모님께 봉사해야 한다.

또한 동쪽에 해당하는 부모는 다음의 다섯 가지 방법으로 자식을 사랑해야 한다.

악으로부터 보호하고 선으로 인도하며, 학업을 배우게 하고 적당한 배우자와 혼인시키며, 시기를 맞추어 가장의 자리를 물려주어라.

자식은 이러한 다섯 가지 방법으로 동쪽에 해당하는

부모님께 봉사해야 하고 부모는 이러한 다섯 가지 방법으로 자식을 사랑해야 한다.

이렇게 하면 동쪽은 지켜질 것이며, 편안해지고 근심이 없어지게 될 것이다.

제자는 남쪽에 해당하는 스승에게, 다음의 다섯 가지 방법으로 봉사해야 한다.

자리에서 일어나 예를 올리고 가까이에서 모시며, 열심히 말씀을 듣고 노력하라. 또 시중을 들고 공손한 태도로 학업을 배워라.

이러한 다섯 가지 방법으로 제자는 남쪽에 해당하는 스승에게 봉사해야 한다.

또한 남쪽에 해당하는 스승은 다음과 같은 다섯 가지 방법으로 제자를 사랑해야 한다.

잘 가르치고 지도하며, 이해한 것을 잊어버리지 않도록 기억시켜 주며, 모든 학업의 지식을 설명해 준다. 친구나 동료들과의 모임에서 제자에 대한 칭찬을 아끼지 않으며, 어느 곳에서라도 존경과 이익을 받도록 보호해 준다.

제자는 이러한 다섯 가지 방법으로 남쪽에 해당하는 스승에게 봉사하며, 스승은 이러한 다섯 가지 방법으로 제자를 사랑해야 한다.

이렇게 하면 남쪽은 지켜질 것이며, 편안해지고 근심이 없어지게 될 것이다.

남편은 서쪽에 해당하는 아내에게 다음의 다섯 가지 방법으로 봉사해야 한다.

경의를 표할 것이며 경멸해서는 안 된다. 또 스스로 잘못된 길로 가지 말아야 하며, 가정의 주권을 위임할 것이며, 장식품을 선물해야 한다. 또한 경제적인 부분을 책임져야 한다.

이러한 다섯 가지의 방법으로 남편은 서쪽에 해당하는 아내에게 봉사해야 한다.

또한 서쪽에 해당하는 아내는 다음의 다섯 가지 방법으로 남편을 사랑해야 한다.

일을 잘 처리해야 하며, 권속을 잘 거느리고, 길을 잘못 들지 말 것이며, 모여 있는 재산을 지킨다. 그리고 모든 일을 진지하고 능숙하게 대하라.

남편은 이러한 다섯 가지 방법으로 서쪽에 해당하는 아내를 사랑해야 하며, 아내 역시 다섯 가지 방법으로 남편을 사랑해야 한다.

이렇게 하면 서쪽은 지켜질 것이며, 편안해지고 근심이 없어지게 될 것이다.

양가의 자손은 북쪽에 해당하는 친구와 동료들에게 다음의 다섯 가지 방법으로 대해야 한다.

보시를 하고, 상냥하고 부드러운 말을 쓰며, 남을 위해 노력하고, 힘을 한 데 모으며, 그리고 정직으로써 양가의 자손은 북쪽에 해당하는 친구와 동료에게 봉사해야 한다.

또한 북쪽에 해당하는 친구와 동료는 다음의 다섯 가지 방법으로 양가의 자손을 사랑해야 한다.

친구가 술에 취해 방심하고 있을 때는 지켜 준다. 또 방만하고 있는 친구의 재산을 지켜 준다. 두려울 때는 친구의 의지처가 되어 준다. 어려움에 처해 있을 때에도 그를 저버리지 않는다. 그의 자손들도 존중한다.

양가의 자손은 이러한 다섯 가지 방법으로 북쪽에 해

당하는 친구와 동료에게 봉사하고, 또한 친구와 동료는 이러한 다섯 가지 방법으로 양가의 자손을 사랑해야 한다.

이렇게 하면 북쪽은 지켜질 것이며, 편안해지고 근심이 없어지게 될 것이다.

주인은 아래쪽에 해당하는 하인이나 고용인에게 다음의 다섯 가지 방법으로 봉사해야 한다.

힘에 맞게 해야 할 일을 나누어 주며, 음식과 급여를 준다. 병에 걸렸을 때에는 간호해 주며, 맛있는 음식을 나누어 준다. 적절한 때에 쉬게 해 준다.

또한 아래쪽에 해당하는 하인과 고용인은 다음의 다섯 가지 방법으로 주인을 사랑해야 한다.

주인보다 일찍 일어나야 한다. 주인보다 늦게 잠자리에 들어야 한다. 그리고 주어진 것만을 가져야 하며, 일생 동안 힘써 일할 것이며, 주인의 명예와 칭찬을 널리 퍼뜨린다.

주인은 이러한 다섯 가지 방법으로 아래쪽에 해당하는 하인이나 고용인에게 봉사하여야 하며, 하인이나 고용인 역시 이러한 다섯 가지 방법으로 주인을 사랑해야 한다.

이렇게 하면 아래쪽은 지켜질 것이며, 편안해지고 근심이 없어지게 될 것이다.

양가의 자손은 위쪽에 해당하는 수행자에게 다음의 다섯 가지 방법으로 봉사해야 한다.

친절한 행동과 친절한 말씨와 친절한 마음가짐으로 대하며, 문을 닫지 않으며 재물을 공급해야 한다.

이러한 다섯 가지 방법으로 양가의 자손은 위쪽에 해당하는 수행자에게 봉사해야 한다.

또한 위쪽에 해당하는 수행자는 다음의 다섯 가지 방법으로 양가의 자손을 사랑해야 한다.

악을 막아주고 선으로 인도한다. 선한 마음으로 불쌍히 여긴다. 아직 듣지 못한 것을 들려준다. 이미 들은 내용을 손질해 준다. 하늘에 이르는 길을 가르친다.

양가의 자손은 이러한 다섯 가지 방법으로 위쪽에 해당하는 수행자에게 봉사하며, 또한 수행자는 이러한 다섯 가지 방법으로 양가의 자손을 사랑한다.

이렇게 하면 위쪽은 지켜질 것이며, 편안해지고 근심이 없어지게 될 것이다."

이렇게 말씀하신 후, 세존께서는 다음과 같이 시를 읊으셨다.

부모는 동쪽이고 스승은 남쪽이며
아내는 서쪽이고 친구는 북쪽이다.
하인과 고용인은 아래쪽, 수행자는 위쪽이다.
한 가문을 이끌어 가는 가장(家長)은
이렇게 여섯 방위에 예배해야 한다.

현명한 사람은 계를 지키고
그 말이 부드럽고 분명하며
겸손한 생활을 하고
무엇이든 이해하며 조심스러운 사람
이러한 사람은 명성을 얻는다.

용감하고 부지런하며

1. 싱갈라를 가르치다

어려움에 처해서도 흔들림이 없고
행동함에 있어 실수가 없고 총명하며
이러한 사람은 명성을 얻는다.

잘 다독거려 친구로 삼고
친절하고 탐욕스럽지 않으며
화합하여 이끄는 사람
이러한 사람은 명성을 얻는다.

다른 사람을 위해 일하고 보시하며
갖가지 일에 알맞게 협동하는 일,
이러한 것은 이 세상의 덕목이니
어떠한 곳에서도 아라한과 같이 되어라.
이것은 마치 구르는 수레의 쐐기와도 같은 것이다.

이러한 덕목을 행하지 않는다면
어머니는 자식으로부터 존경도 부양도 받지 못하며,
아버지 또한 자식으로부터 존경과 부양을 받지 못한다.

현명한 사람은 이 덕목을 잘 관찰하기 때문에
위대해지며 칭찬을 받을 수 있는 것이다.

○ 싱갈라의 귀의

이렇게 세존께서 말씀하시자 싱갈라는 세존을 향해
다음과 같이 말씀드렸다.

"훌륭하십니다. 세존이시여! 참으로 훌륭하십니다. 마
치 넘어진 것을 일으켜 세우고, 가려져 있는 것을 밝게
드러내며 길 잃은 자에게 길을 가리키는 것과 같이 '눈
있는 자는 반드시 진실을 보게 되리라.'

이러한 말씀과 같이 어둠 속에 등불을 내 주셨습니다.
세존께서는 갖가지 방법으로 법을 설하셨습니다. 세존
께 귀의합니다. 가르침과 비구 대중에게 귀의합니다.

세존께 귀의하오니 지금부터 목숨이 다하는 날까지
저를 재가신자(우바새)로서 변치 않도록 지켜 주소서."

2
—
우빨리의 귀의
(우빨리經)

○ 세존과 디가타파싱의 문답

이와 같이 나는 들었다.

어느 때 세존께서는 나란다에 있는 팝팔리카 망고 숲에 머물고 계셨다.

같은 때에 나란다에는 자이나교단의 우두머리인 나따뿟따[1]가 많은 신자들과 함께 머물고 있었다.

그런데 자이나교단에 속한 디가타파싱(오래도록 고행한 사람이라는 뜻)이라는 사람이 나란다에서 탁발을 하다가

망고 숲의 세존이 계신 곳으로 가게 되었다. 가까이 다가가 세존과 인사를 나눈 다음 디가타파싱이 한쪽에 물러서자 세존께서는 말씀을 건네셨다.

"타파싱이여! 자리가 마련되어 있으니 앉고 싶으면 앉아도 좋다."

이렇게 말씀하시자 자이나교도인 디가타파싱은 다리가 하나인 낮은 의자를 골라서 한쪽에 앉았다.

한쪽에 앉은 디가타파싱에게 세존께서 이렇게 말씀하셨다.

"타파싱이여! 자이나교단의 우두머리인 나따뿟따는 몇 가지 행위에 의해서 악한 행이 이루어지고 악한 행이 진행된다고 가르치고 있는가?"

"고따마시여! 자이나교단의 우두머리인 나따뿟따는 '행위'라는 말로 가르치지 않습니다. '죄'라는 말로 가르치고 있으며 이 말은 그의 상용어입니다."

"타파싱이여! 나따뿟따는 몇 가지의 죄에 의해서 악한 행이 이루어지고 악한 행이 진행된다고 가르치고 있는가?"

"고따마시여! 악한 행을 진행하는 데 있어 나따뿟따는 세 가지 죄를 가르치고 있습니다. 다시 말하면 몸의 죄, 입의 죄, 뜻의 죄(身·口·意)가 그것입니다."

"타파싱이여! 몸의 죄, 입의 죄, 뜻의 죄는 각기 별개의 것인가?"

"그것은 각기 별개의 것입니다."

"나따뿟따는 이와 같이 구별되는 세 가지의 죄 가운데 어느 죄가 가장 무겁다고 가르치고 있는가?"

"몸의 죄가 가장 무겁다고 가르치고 있습니다. 입의 죄나 뜻의 죄는 몸의 죄만큼 무겁지 않습니다."

"타파싱이여! 그대는 '몸의 죄'라고 대답했는가?"

"저는 '몸의 죄'라고 답했습니다."

"그대는 '몸의 죄'라고 답했는가?"

"저는 '몸의 죄'라고 답했습니다."

"그대는 '몸의 죄'라고 답했는가?"

"저는 '몸의 죄'라고 답했습니다."

이렇게 세존께서는 자이나교도인 디가타파싱에게 세 번씩이나 확인하셨다.

그러자 이번에는 디가타파싱이 세존께 다음과 같이 말하였다.

"고따마시여! 당신은 몇 가지의 죄에 의해서 악한 행이 이루어지고 악한 행이 진행된다고 가르치십니까?"

"타파싱이여! 여래는 '죄'라는 말로 가르치지 않는다. '행위'라는 말로 가르치고 있으며, 이것이 여래의 상용어이다."

"고따마시여! 그러면 몇 가지의 행위에 의해서 악한 행이 이루어지고 악한 행이 진행된다고 가르치십니까?"

"악한 행을 하고 악한 행이 진행되는 데 있어 나는 세가지의 행위를 가르치고 있다. 다시 말하면 몸의 행위, 입의 행위, 뜻의 행위가 그것이다."

"그 세 가지는 각기 별개의 것입니까?"

"각기 별개의 것이다."

"고따마께서는 그와 같이 별개의 것으로 구분되는 세가지 행위 가운데 어느 행위가 가장 무겁다고 가르치십니까?"

"타파싱이여! 뜻의 행위가 가장 무겁다고 가르친다.

악한 행을 하는 데 있어 뜻의 행위가 가장 무겁고 비난받을 만한 것이다."

"고따마시여! 당신은 '뜻의 행위'라고 말씀하셨습니까?"

"나는 '뜻의 행위'라고 말하였다."

"당신은 '뜻의 행위'라고 말씀하셨습니까?"

"나는 '뜻의 행위'라고 말하였다."

"당신은 '뜻의 행위'라고 말씀하셨습니까?"

"나는 '뜻의 행위'라고 말하였다."

이렇게 자이나교도인 디가타파싱은 세존께 세 번 확인한 후에 자리에서 일어나 자이나교단의 우두머리인 나따뿟따가 살고 있는 곳으로 갔다.

마침 그때 나따뿟따는 우빨리를 비롯한 어리석은 재가신자 무리들과 함께 앉아 있었다.

나따뿟따는 디가타파싱이 다가오자 그에게 물었다.

"타파싱이여! 그대는 아침 일찍 어디를 다녀 오는가?"

"존귀하신 스승이시여! 저는 사문 고따마에게 다녀오는 길입니다."

"그대는 사문 고따마와 무엇을 이야기하였는가?"

그러자 디가타파싱은 조금 전에 사문 고따마와 나누었던 이야기를 빠짐없이 자기의 스승인 나따뿟따에게 말하였다.

"타파싱이여! 바로 그렇다. 그대는 스승의 가르침을 올바르게 이해한 학식 있는 제자처럼 사문 고따마에게 잘 말하였다. 왜냐하면 대단치 않은 뜻의 죄가 어찌 몸의 죄를 능가할 수 있단 말인가? 몸의 죄야말로 악한 행에 있어 가장 중요한 것이다. 입의 죄와 뜻의 죄가 어찌 몸의 죄를 넘볼 수 있단 말인가? 당치도 않다."

○ 세존을 논파하러 가는 우빨리

이 말을 듣자 재가신자이며 한 집안의 가장인 우빨리가 나따뿟따에게 말하였다.

"존귀하신 스승이시여! 타파싱은 옳았습니다. 스승의 가르침을 정확히 이해하고 있는 학식 있는 제자처럼 현명한 타파싱은 사문 고따마에게 정확히 대답하였습니다. 몸의 죄야말로 가장 무겁고 중요한 것이니 어찌 입의 죄와 뜻의 죄가 몸의 죄를 능가할 수 있단 말입니까?

이제 저는 고따마에게 가겠습니다. 존귀하신 스승이 시여! 이 논제에 대하여 사문 고따마를 논파하러 가겠습니다. 만일의 경우 사문 고따마가 현명한 타파싱에게 한 것처럼 저에게도 끝까지 우긴다면, 저는 마치 힘센 남자가 양의 털을 잡아당기거나 바짝 끌어당기거나 혹은 질질 끌고 다니듯 사문 고따마와 논쟁을 해서 그의 생각을 마음껏 끌고 당기어 깨 버리겠습니다.

또한 술 만드는 힘센 남자가 커다란 술 포대를 깊은 호수에 던져 놓고 그 끝을 쥐고 잡아당기거나 끌어당기듯이 저는 사문 고따마의 생각을 마음껏 끌었다 당겼다 하겠습니다.

또한 술 만드는 사람의 하인이 털로 만든 체의 끝을 잡고 툭툭 털어 버리듯 사문 고따마의 생각을 마음껏 털어 버리겠습니다.

또한 60년 된 코끼리가 깊은 연못에 들어가 마음껏 물장구를 치며 수영을 즐기듯, 저는 논쟁으로 사문 고따마의 생각을 마음껏 희롱하고 오겠습니다.

자, 존귀하신 스승이시여! 저는 고따마에게 가서 이 논제에 대해 사문 고따마를 논파해 버리겠습니다."

"우빨리여! 어서 가서 사문 고따마를 논파하라. 왜냐하면 사문 고따마를 논파할 사람은 나 아니면 디가타파싱, 아니면 그대뿐이기 때문이다."

이 말을 듣자 디가타파싱은 나따뿟따에게 이렇게 말하였다.

"존귀하신 스승이시여! 재가신자인 우빨리가 사문 고따마를 논파하러 간다는 것이 마음에 들지 않습니다.

사문 고따마는 사람을 혼미하게 만드는 힘을 가지고 있으며 사람을 유혹하는 마술을 가지고 있다고 합니다. 그 마술에 걸려들어 다른 스승의 제자들이 많이 유혹당했기 때문입니다."

"타파싱이여! 재가신자인 우빨리가 사문 고따마의 제자가 된다니 참으로 어리석은 생각이구나. 당치도 않다. 오히려 사문 고따마가 우빨리의 제자가 된다면 모를까.

우빨리여! 어서 가라. 사문 고따마를 논파하라. 그대

와 나, 혹은 여기의 디가타파싱만이 그를 논파할 수 있을 것이기 때문이다."

거듭거듭 디가타파싱이 나따뿟따에게 우빨리를 보내지 말 것을 간청했지만 우빨리는 끝내 세존이 계신 곳으로 출발하였다.

재가신자인 우빨리는 세존이 계신 곳에 당도하자 절을 하고 한쪽에 앉았다.

한쪽에 앉은 우빨리가 세존께 말씀드렸다.

○ 세존과 우빨리의 문답

"존귀하신 이여! 자이나교도인 디가타파싱이 이곳에 왔었습니까?"

"재가신자이며 가장인 우빨리여! 그는(디가타파싱) 이곳에 왔었다."

"당신과 그는 어떤 이야기를 주고받았습니까?"

그러자 세존께서 자이나교도인 디가타파싱과 나누었던 이야기를 우빨리에게 모두 이야기하셨다. 다 듣고 나자 우빨리가 세존께 말씀드렸다.

"존귀하신 이여! 타파싱이 옳았습니다. 스승의 가르침을 정확히 이해하고 있는 학식 있는 제자들이 그러하듯 자이나교도인 디가타파싱은 세존께 잘 말하였습니다.

보잘 것 없는 뜻의 죄가 어찌 몸의 죄와 비교되겠습니까? 악한 행을 함에 있어 몸의 죄야말로 가장 중대하고 무거우며 입의 죄나 뜻의 죄는 비할 바가 못 된다고 하겠습니다."

"우빨리여! 만약 그대가 진실에 근거를 두고 말할 작정이라면 이제 우리는 대화를 나누어도 좋으리라."

"존귀하신 이여! 저는 진실에 의거해서 말합니다. 이제 우리는 대화를 나누어도 좋을 것입니다."

"우빨리여! 이것을 어떻게 생각하는가? 예를 들면 이 세상에서 자이나교도가 병이 들어 몹시 고통에 시달리면서도 자이나교의 규율에 따라 차가운 물을 거절하고 뜨거운 것만을 찾다가 끝내 차가운 물을 마시지도 못한 채 세상을 떠났다고 하자.

우빨리여! 자이나교단의 우두머리인 나따뿟따는 그

가 어디에 태어난다고 가르치는가?"

"마노샷타, 다시 말하면 마음이 집착하고 있는 자라는 이름의 신들이 살고 있는 곳입니다. 그는 그 신들이 살고 있는 곳에 모습을 바꾸어 태어납니다. 왜냐하면 그는 실로 마음이 그 규칙에 얽매여진 채 죽었기 때문입니다."

"보아라, 우빨리여! 잘 생각하라. 주의 깊게 생각한 후에 답을 하라. 그대의 말은 앞뒤가 일관되지 않았다. 그대는 앞서 말하지 않았는가? 진실에 의거해서 말하겠노라고 말이다."

"존귀하신 이여! 세존께서 설령 그렇게 말씀하신다 해도 몸의 죄는 악행을 저질렀을 경우 입이나 뜻의 죄보다 더 막중한 것입니다."

"그러면 우빨리여! 다음의 일을 어떻게 생각하는가? 예를 들면 지금 어떤 자이나교도가 자이나교의 네 가지 억제[2]에 얽매여 있다.

즉 그들은 모든 물- 모든 악을 그만두며, 모든 악을 그만두는 데에 전념하며, 모든 악을 제지함으로써 그 악을 떨쳐내며, 모든 악을 제지하는 것이 온 몸에 두루 퍼져 있어, 그가 앞뒤로 움직일 때 수많은 작은 생물을 죽인다고 하자.

이때 자이나교단의 우두머리인 나따뿟따는 그에 대하여 어떤 결과를 제시하고 있는가?"

"자이나교단의 우두머리인 나따뿟따는 의식하지 못한 채 저질러진 일을 커다란 죄악이라고는 가르치지 않으셨습니다."

"만약 의식하였다면?"

"커다란 죄악이 됩니다."

"우빨리여! 나따뿟따는 그 의식을 무엇에 의거해 제시하고 있는가?"

"뜻의 죄에 의거해서입니다."

"보아라, 우빨리여! 주의 깊게 생각해서 답하라고 하지 않았느냐. 그대의 말은 앞뒤가 일치하지 않았다. 그대는 앞서 말하지 않았느냐. 진실에 의거해서 말하겠노라고 말이다."

"존귀하신 이여! 세존께서 설령 그렇게 말씀하신다 해

도 몸의 죄는 악을 저질렀을 경우 입이나 뜻의 죄보다 더 막중한 것입니다."

"우빨리여! 어떻게 생각하는가? 이 나란다의 거리는 풍요롭고 부유하며, 많은 사람들이 매우 자주 오가고 있는가?"

"그렇습니다. 이 나란다 거리는 부유하고 번잡합니다."

"이것을 어떻게 생각하는가?

예를 들면 여기에 어떤 남자가 칼을 빼어 들고 마구 휘두르며 '나는 이 나란다 거리에 살고 있는 모든 생물을 살육(殺戮)해서 한순간에 산처럼 높은 살덩이로, 한 점의 살덩이로 만들어 놓으리라'라고 말한다고 하자.

우빨리여! 그대는 그 남자가 이 나란다 거리에 살고 있는 모든 생물을 한순간에 산처럼 높은 살덩이로, 한 점의 살덩이로 만들 수 있다고 생각하는가?"

"열 사람의 남자가 그런다고 해도, 아니 스무 사람, 서른 사람, 마흔 사람, 쉰 사람의 남자가 그런 생각을 한다 해도, 일순간에 그렇게 만들 수는 없습니다. 하물며 힘없는 단 한 명의 남자가 어떻게 그보다 잘 해낼 수가 있겠습니까?"

"우빨리여, 어떻게 생각하는가?

예를 들면 여기에 신통력을 지니고 마음의 조절이 가능한 어떤 사문이나 바라문이 와서 '나는 이 나란다 거리를 단 한 번의 마음의 분노로써 잿덩이로 만들어 버릴 수 있다'라고 말한다면 그대는 정말 그렇게 되리라고 생각하는가?"

"이 나란다 거리가 열 개, 스무 개, 서른 개, 마흔 개 아니 쉰 개가 있다 할지라도, 신통력을 지니고 마음의 조절이 가능한 사문이나 바라문은, 단 한 번의 마음의 분노로써 거리는 충분히 잿덩이로 변할 수 있습니다. 그런데 힘없는 단 하나의 거리쯤이야 잿덩이로 만드는 것이 어렵겠습니까?"

"보아라, 우빨리여! 주의 깊게 생각하고 답하라고 하지 않았느냐. 그대의 말은 앞뒤가 일치하지 않는다. 그대는 신실에 의거해서 말하겠노라고 하지 않았느냐."

"세존께서 아무리 그렇게 말씀하신다 해도 몸의 죄가

입이나 뜻의 죄보다 더 막중한 것은 틀림없습니다."

"이것을 어떻게 생각하는가? 단다카 숲, 칼링가 숲, 멧쟈 숲을 아는가? 다시 말하면 마탕가 숲[3]은 도시였다가 지금은 숲이 되었다. 그대는 이야기를 들어본 적이 있는가?"

"네, 들어보았습니다."

"우빨리여! 그렇다면 이 숲들은 누구에 의해서 도시였다가 숲으로 되었다고 들었는가?"

"존귀하신 이여! 성선들의 마음의 분노로 인하여 일찍이 도시에서 숲으로 변해 버렸다고 들었습니다."

"보아라, 우빨리여! 주의 깊게 생각하고 답하라고 하지 않았느냐. 그대의 말은 앞뒤가 일치하지 않는다. 그대는 진실에 의거해서 말하겠노라고 하지 않았느냐."

○ 우빨리의 귀의

"존귀하신 스승이시여! 저는 세존께서 말씀하신 제일 처음의 비유만으로도 이미 흡족하였습니다. 지금 제가 세존과 맞서 계속 논쟁한 까닭은 오직 세존으로부터 갖가지 질문과 답을 듣고 싶었기 때문입니다.

존귀하신 스승이시여! 훌륭하고 또 훌륭하옵니다. 마치 넘어진 사람을 일으켜 세우고, 가려진 것을 드러내며 길 잃은 사람에게 길을 가리키고, 눈 있는 사람에게 대상을 볼 수 있게 하기 위해 어둠 속에서 등불을 내 거는 것처럼, 세존은 갖가지 방법으로 가르침을 밝혀 주셨습니다.

이제 저는 세존께 귀의합니다. 그 가르침과 비구승단에 귀의합니다. 세존께서는 부디 저를 오늘부터 목숨 있는 날까지 귀의한 재가신자(우바새)로 거두어 주소서."

"잘 생각하여라. 우빨리여! 잘 생각한다는 것은 그대 같은 저명한 사람에게야말로 어울리는 일이 아니겠는가?"

"세존이시여! 세존께서 저에게 잘 생각하라고 말씀하신 것으로도 저는 더욱더 세존께 커다란 환희와 만족을 느끼고 있습니다.

그 까닭은 다른 교도의 사람들은 저를 제자로 삼게

되면, 나란다의 거리에 '재가신자 우빨리가 우리들의 제자가 되었다'라는 깃발을 걸어두고 오래도록 펄럭일 것이 틀림없기 때문입니다. 그렇지만 세존께서는 저에게 살 생각하라고 말씀하셨습니다.

존귀하신 스승이시여! 저는 다시 한 번 세존께 귀의합니다. 그 가르침과 비구승단에도 귀의합니다. 세존께서는 부디 저를 오늘부터 목숨이 다하는 날까지 귀의한 재가신자로 거두어 주소서."

"재가신자여! 그대의 일가는 오래도록 자이나교도들에게 샘물같이 끊이지 않는 만족을 주어 왔다. 그러므로 그들이 그대들에게 다가올 때면 평소와 다름없이 보시해야 한다."

"존귀하신 스승이시여! 지금 세존의 말씀을 들으면서 저는 더욱더 세존께 환희와 만족을 느낍니다.

존귀하신 스승이시여! 저는 늘 사문 고따마는 '내게만 보시하라. 다른 사람에게는 보시하지 말라. 내 제자들에게만 보시하라. 다른 사람의 제자에게는 보시하지 말라. 내게 보시한 것만이 커다란 복이 있을 것이다. 다른 사람에게 한 보시는 커다란 복을 가져오지 않는다. 내 제자들에게 보시한 것만이 커다란 복을 가져올 것이다. 다른 사람의 제자에게 한 보시는 커다란 복을 가져오지 않을 것이다'라고 말씀하셨다고 들었습니다.

그러나 세존께서는 제게 자이나교도들에게도 보시하라고 권하셨습니다. 존귀하신 스승이시여! 어쨌든 그럴 기회는 올 것입니다.

존귀하신 스승이시여! 저는 다시 한 번 세존께 귀의합니다. 그 가르침과 비구승단에게도 귀의합니다. 세존께서는 부디 저를 오늘부터 목숨이 다하는 날까지 귀의한 재가신자로 거두어 주소서."

그러자 세존은 재가신자이며 한 집안의 가장인 우빨리에게 차례대로 설법하셨다.

즉 보시에 대해서, 계율에 대해서, 하늘에 태어나는 것에 대해서, 욕망의 해로움과 공허함과 더러움에 대해서, 욕계(欲界)를 벗어남으로써 생기는 과보에 대해서 설법하셨다.

세존은 우빨리의 마음이 부드러워지고 편견이 없어지

고 기쁨이 샘솟으며 믿음이 깊어짐을 아시고서, 깨달음에 도달한 사람들(부처)이 찬탄하시는 네 가지의 진리[四聖諦], 다시 말하면 괴로움[苦]과 괴로움의 집기(集起)와 괴로움의 소멸[滅]과 괴로움의 소멸에 이르는 길[道]을 설하셨다.

마치 눈부시게 새하얀 헝겊이 염료를 잘 빨아들이듯 재가신자이며 한 집안의 가장인 우빨리는 그곳에 앉아 있는 동안 티끌 하나 없는 깨끗한 진리를 꿰뚫어 보는 눈이 생겼다. 다시 말하면 '중생은 누구나 할 것 없이 모두 소멸하지 않을 수 없다'는 깨달음이 생겼던 것이다.

이제 우빨리는 세존의 가르침을 보고 닦고 알고 가르침 속으로 깊이 들어가 스승의 가르침에 대해 의심을 품지 않게 되었고, 질문하지 않게 되었으며 완전한 자신을 얻어 다른 사람에게 기대지 않게 되었다.

그리하여 세존께 말씀드렸다.

"존귀하신 스승이시여! 이제 돌아가겠습니다. 해야 할 일이 많기 때문입니다."

"우빨리여! 그대가 하고 싶은 대로 하라."

○ 우빨리, 자이나교도에게 문을 열지 않다

우빨리는 세존의 말씀에 크게 기뻐하며 자리에서 일어나 세존께 절을 하고 오른쪽으로 돌고 나서 자신의 집으로 돌아왔다. 그러고 나서 문지기에게 말하였다.

"오늘부터 나는 남자든 여자든 자이나교도에게는 문을 열어 주지 않을 것이다. 그러나 세존의 비구, 비구니, 우바새와 우바이들에게는 문을 열어줄 것이다. 만약 자이나교도 가운데 누구라도 다가온다면 너는 이렇게 말해야 할 것이다.

'멈추시오. 들어가지 마시오. 주인 우빨리는 오늘부터 사문 고따마의 제자가 되었소. 자이나교도는 남자든 여자든 문을 열지 못하게 하셨소. 만약 당신이 먹을 것을 구하러 오셨다면 그곳에서 기다리도록 하시오. 그러면 먹을 것을 가져다 주겠소'라고 말해야 한다."

"그렇게 하겠습니다, 주인님!"

문지기는 우빨리에게 답하였다.

자이나교도인 디가타파싱은 재가신자인 우빨리가 정

말로 사문 고따마의 제자가 되었다는 말을 들었다. 그래서 그는 교단의 우두머리인 나따뿟따에게 달려갔다.

"존귀하신 이여! 저는 우빨리가 정말로 사문 고따마의 제자가 되었다고 들었습니다."

"따파싱이여! 그럴 리가 없다. 당치도 않다. 오히려 사문 고따마가 우빨리의 제자가 되었으면 모를까."

디가따파싱이 몇 번이나 나따뿟따에게 사실을 알려도 그는 도무지 믿으려 하지 않았다.

그러다 마침내 디가따파싱이 말하였다.

"그렇다면 제가 가서 우빨리가 정말로 사문 고따마의 제자가 되었는지를 확인하고 오겠습니다."

"어서 가서 확인해 보라."

그리하여 디가따파싱은 우빨리가 사는 집으로 달려갔다. 문지기는 디가따파싱이 다가오는 모습을 보자 주인이 가르쳐 준 대로 그의 앞을 가로막으며 말하였다.

"그대가 먹을 것을 원한다면 이 자리에서 기다리시오. 이곳으로 먹을 것을 가져다 주겠소."

그러자 디가따파싱은 "아니, 나는 먹을 것이 필요해서

온 것이 아니다"라고 말하면서 그곳에서 몸을 돌려 스승인 나따뿟따에게 돌아갔다. 돌아가서 문지기의 말과 태도를 자세하게 전하며 말하였다.

"우빨리는 사문 고따마의 마술에 걸린 것이 틀림없습니다."

"그럴 리가 없다. 당치도 않다. 오히려 사문 고따마가 우빨리의 제자가 되었으면 모를까."

두 번, 세 번…. 디가타파싱은 나따뿟따에게 말하였다.

"우빨리는 사문 고따마의 제자가 된 것이 틀림없습니다. 존귀하신 이여! 왜 앞서 제 말을 듣지 않으셨습니까? 저는 '우빨리가 사문 고따마를 논파하러 간다는 것이 마음에 들지 않았습니다. 사문 고따마는 사람을 유혹하는 마술을 지니고 있어서 다른 사람의 제자들을 유혹하고 있습니다'라고 간원하였습니다. 존귀하신 이여! 우빨리는 사문 고따마의 마술에 걸려든 것이 틀림없습니다."

"내가 가리라. 내가 가서 우빨리가 사문 고따마의 제자가 되었는지, 아닌지를 직접 확인해 보리라."

○ 나따뿟따, 우빨리를 찾아가다

그리하여 자이나교단의 우두머리인 나따뿟따는 자이나교도들을 이끌고 재가신자인 우빨리의 집을 찾아갔다.

문지기는 나따뿟따가 자이나교도들을 이끌고 다가오는 것을 보고 이렇게 말했다.

"여러분, 멈추시오. 들어가서는 안 됩니다. 오늘부터 저희 주인 우빨리님은 사문 고따마의 제자가 되었습니다. 그리고 모든 자이나교도들의 출입을 금하셨습니다. 만약 여러분들이 먹을 것을 원한다면 이곳에서 기다리십시오. 이곳으로 먹을 것을 가져다 드리겠습니다."

"문지기여! 정 그렇다면 그대는 주인에게 가서 이렇게 전하라. '자이나교단의 수장(首長)인 나따뿟따가 자이나교도들과 함께 문 밖에 서 있습니다. 그는 주인님을 만나고 싶어합니다'라고 말이다."

문지기는 주인인 우빨리에게 달려가 나따뿟따의 말을 전하였다. 우빨리는 문지기에게 말했다.

"그렇다면 중앙에 문이 있는 접대실에 자리를 마련하

도록 하라."

문지기가 큰 방에 자리를 마련한 뒤 나따뿟따에게 달려가 큰 방으로 들도록 안내하였다. 그러자 자이나교단의 수장인 나따뿟따는 교단의 무리들과 함께 중앙에 문이 있는 큰 방으로 갔다.

그런데 예전에 우빨리는 자이나교단의 수장인 나따뿟따가 다가오면 즉시 자리에서 일어나 맞으며 가장 좋고 훌륭하고 제일 높은 좌석을 윗옷으로 털어내며 나따뿟따를 그 자리에 앉혔었다. 그러나 오늘은 그 좌석에 우빨리 본인이 자리 잡고 앉아서 나따뿟따에게 말했다.

"존귀하신 이여! 자리가 준비되어 있습니다. 원하시는 대로 앉으십시오."

그 말을 들은 나따뿟따는 우빨리에게 말하였다.

"우빨리여! 미치지 않았는가? 바보가 되었는가? 사문 고따마를 논파하고 오겠다더니 논쟁이 힘겨워 제 정신을 잃은 채 돌아왔다는 것인가?

마치 고환을 뽑으러 갔던 사람이 도리어 고환이 뽑혀서 돌아온 것처럼, 그리고 눈알을 도려내러 갔던 사람이

눈알이 뽑혀져 돌아온 것처럼, 그대는 사문 고따마를 논파하러 가겠다고 나가더니 거센 논쟁에 휘감겨서 돌아왔다는 것인가? 우빨리여! 그대는 사람을 유혹하는 사문 고따마의 주술에 걸린 것이 아닌가?"

"존귀하신 이여! 사람을 유혹하는 마술은 참으로 훌륭한 것입니다. 사람을 유혹하는 마술은 기가 막히도록 멋진 것입니다. 나의 친구와 친척들이 이 매력 있는 마술에 걸린다면 영원토록 이익과 행복이 그들과 함께할 것입니다. 또한 모든 왕족이 이 매력 있는 마술에 걸린다면 영원토록 이익과 행복이 그들과 함께할 것입니다. 뿐만 아니라 모든 바라문이나 서민, 심지어는 노예까지도 이 매력 있는 마술에 걸린다면 영원토록 이익과 행복이 그들과 함께 할 것입니다.

어디 그뿐이겠습니까? 신들이며 악마, 범천과 사문·바라문들을 포함한 이 모든 세계가 이 매력 있는 마술에 걸린다면 영원토록 이익과 행복이 그들과 함께할 것입니다. 이제 나는 당신에게 비유를 제시하겠습니다. 지혜로운 사람이라면 이 비유를 통하여 말하고자 하는 의미를 이해할 수 있을 것입니다."

○ 새끼 원숭이의 비유

"존귀하신 이여! 옛날 어떤 나이 많은 바라문에게 젊은 아내가 있었습니다. 그런데 그녀는 임신을 했던 터라 이제 출산을 앞두고 있었습니다. 그러자 그 젊은 아내는 바라문에게 '여보, 시장에 가서 새끼 원숭이 한 마리를 사다 주세요. 아이가 자라면 놀이상대가 될 테니까요'라고 말했습니다.

바라문은 아내의 말을 듣고 나서 '아이가 태어날 때까지 기다려 주시오. 만약 사내아이가 태어나면 시장에서 수놈으로 사다 줄 것이고, 계집아이가 태어난다면 암놈으로 새끼 원숭이를 사다 줄 것이오'라고 말했습니다.

그러자 그 젊은 아내는 자꾸만 빨리 사다 달라고 졸랐고 바라문은 아이가 태어날 때까지 기다리라고 아내를 말렸습니다. 하지만 그 바라문은 젊은 아내에게 푹 빠져 지내고 있었던 까닭에 하는 수 없이 아내의 청을 들어주기로 하였습니다.

그는 시장에 가서 새끼 원숭이를 사서 아내에게 주었습니다. 젊은 아내는 남편인 바라문에게 또다시 청을 하였습니다.

'여보, 이제 이 새끼 원숭이를 데리고 염색집에 가서 금색으로 물들이고 두들겨서 평평하게 만들어 양면을 매끈매끈하게 만들어 달라고 해 주세요.'

그리하여 젊은 아내의 말을 들어 주지 않고는 배길 수 없는 바라문은 그 새끼 원숭이를 데리고 염색집에 가져가 아내의 말을 그대로 전하였습니다.

'여보시오, 락타파니여! 이 새끼 원숭이를 금색으로 물들이고 두들겨서 평평하게 만들어 양면을 매끈매끈하게 만들어 주시오.'

이 말을 들은 염색가 락타파니는 그 바라문에게 말하였습니다.

'나으리, 이 새끼 원숭이는 금색으로 물들일 수는 있을지언정 망치로 두드려서 평평하게 만들고 매끈매끈하게 만들 수는 없습니다.'

존귀하신 이여! 이와 마찬가지로 저 어리석은 자이나 교도들의 말은 어리석은 사람들을 물들일 수 있을지는 모르겠지만 현명한 사람들까지 물들일 수는 없습니다. 또한 단련시킬 수도 없습니다.

또 다른 어느 날 그 바라문은 새 옷감 한 감을 들고 그 염색집에 찾아가서 말했습니다.

'락타파니여! 이 새 옷감을 금색으로 물들이고 잘 두들겨서 양면을 두루 매끈매끈하게 만들어 주시오.'

염색가 락타파니는 바라문에게 말하였다.

'나으리, 당신의 새 옷감을 금색으로 물들이고 잘 두들겨서 양면을 모두 매끈매끈하게 만들어 드리겠습니다. 그런 일은 가능합니다.'

존귀하신 이여! 마치 이와 마찬가지로 완전한 깨달음에 도달한 존귀한 분이신 세존의 말씀은 현명한 사람을 물들일 수 있습니다. 또한 단련시킬 수도 있고 가르칠 수도 있습니다. 그러나 어리석은 사람들을 물들일 수는 없습니다."

○ 세존을 찬탄하는 제자 우빨리

"재가신자인 우빨리여! 왕이나 그 외의 다른 모든 사람들은 그대를 자이나교단의 수장인 나따뿟따의 제자라고 인정하고 있다. 그런데 이제 우리들은 그대를 누구의 제자라고 인정해야 마땅한가?"

이 말을 들은 우빨리는 자리에서 일어나 오른쪽 어깨를 걷고 세존이 계신 곳을 향해 합장하며 말씀드렸다.

"그렇다면 존귀하신 이여! 이제 제가 누구의 제자인지를 들어보십시오. 확고하고 미혹됨이 없는 분, 마음의 걸림을 부수고 승리를 쟁취하시며 마음이 어지럽지 않고 평정하며 그 성품은 존경을 받으시고, 으뜸가는 지혜를 갖추시고 모든 중생 가운데 존재하시어도 더러움에 물들지 않는 분이신 세존, 제가 바로 그 세존의 제자입니다.

의아함을 불러 일으키지 않고 만족케 하시며, 세속의 이욕을 버리시어 마음 기쁜 사문이 되신 분, 사람이면서도 두 번 다시 윤회하는 일이 없는 마지막 몸을 가지신 사람이시고 비할 바 없는 분, 흠이 없는 분이신 세존, 제가 바로 그 세존의 제자입니다.

의혹이 없는 숙달된 선비이고 계율에 통달해 계시며 뛰어난 인도자로서 위없이 높은 분이시며, 빛나는 덕을 갖추시고 두려움을 일으키지 않으시는 광명을 내뿜는 분, 교만함을 쳐부순 용사이신 세존, 제가 바로 그 세존의 제자입니다.

사람 가운데 가장 훌륭한 분으로 헤아릴 길 없이 심원하신 분, 존귀한 성자(무니)가 되시고 보호자이시며 지식이 풍부하고 정의로운 사람, 자기 억제를 이루신 분, 속박을 끊고 자유롭게 되신 분인 세존, 제가 바로 그 세존의 제자입니다.

용왕(나가)[4]이시며, 사람들로부터 멀리 떨어져 족쇄를 끊어 자유롭게 되셨으며, 논쟁에서 상대방을 이기시고 깨끗하며, 어느 한 부분도 방자함을 찾아볼 수 없고, 정욕을 제거하고 자기를 억제하여 쓸데없는 이야기를 하지 않으시는 분 세존, 제가 바로 그 세존의 제자입니다.

과거 부처님의 일곱 번째[5]에 해당하시며 정직하고 세 가지 지혜[三明][6]에 정통하시며, 범천의 상태에 도달해 계시고 청정하신 분이며, 베다의 글귀에 밝고 조용하신 분, 성스러운 지식(베다)을 알고 계시며, 과거에도 관대하셨던 유능한 분이신 세존, 제가 바로 그 세존의 제자입니다.

고귀한 분, 자기를 단련하고 도달해야 할 곳에 도달하셨고 설명함에 있어 뛰어나시고, 사려 깊고 통찰력 있으며 쾌락에 마음을 기울이지 않으시고 욕망이 없고 자제력을 얻으신 분인 세존, 제가 바로 그 세존의 제자입니다.

완전한 분이시고 정신통일을 하여 마음 속 깊이 괴로움이 없고 맑으신 분, 집착을 일으키지도 않고 체념하지도 않고 홀로 머무시며 가장 높은 자리에 도달하시어 스스로 깨달음의 세계에 이르며, 타인도 그곳으로 도달케 하시는 분, 제가 바로 그 세존의 제자입니다.

마음이 고요하고 폭넓은 지혜를 지니셨고 탐욕을 없앴으며, 사람의 본래 모습으로 오신 분(如來), 가장 잘 가신 분(善逝), 적을 만들지 않고, 비교될 만한 이가 없이 완성되시고 숙련되신 분, 제가 바로 그 세존의 제자입니다.

욕망을 끊고 눈을 뜨신 분, 흐릿한 일도 없고 얼룩이

없으며 우리가 받들어야 할 분, 공양 받을 자격이 갖추어진 분, 으뜸가는 분, 비할 바 없는 분, 위대한 분, 높은 명성을 얻으신 분 세존, 제가 바로 그 세존의 제자입니다."

"우빨리여! 말해 보아라. 대체 어디서 그렇게 많은 사문 고따마에 대한 찬사를 긁어 모았느냐?"

"존귀하신 이여! 갖가지 꽃들이 산처럼 쌓여 있는데 숙련된 사람이 그 꽃을 서로 이어 갖가지 아름다운 꽃다발을 만들 듯 세존은 수많은 찬사를 지니고 수백 가지의 찬사를 갖고 계시는 분이십니다. 존귀하신 이여! 찬사를 받기에 더없이 어울리는 사람을 대체 어느 누가 찬탄하지 않을 수 있겠습니까?"

그러자 자이나교단의 수장인 나따뿟따는 지극한 세존의 숭배에 더 이상 견디지 못하고 그 자리에서 시뻘건 피를 토해내고 말았다.[7]

3

라타파라의 출가
(라타파라經)

○ **세존, 투라코티타에 당도하시다**

이와 같이 나는 들었다.

한때 세존께서는 많은 비구들과 함께 쿠루나라를 유행하신 뒤 투라코티타라는 마을에 머무셨다.

이 마을의 바라문과 재가자들은 세존께서 이곳에 도착하셨다는 소식을 들었다.

"석가족의 가문에서 출가한 고따마라는 사문이 많은 비구들과 함께 쿠루나라를 거쳐 이곳에 도착하셨다. 존자 고따마께서는 존경할 만한 이[應供], 바르게 깨달은 이[正等覺者], 앎과 실천을 갖춘 이[明行足], 잘 가신 이[善逝], 세간을 아는 이[世間解], 위없는 이[無上士], 세간을 잘 다루는 이[調御丈夫], 신들과 인간의 스승[天人師], 불(佛), 세존이라는 찬란한 명성을 드날리고 계신다.

그분은 신들과 악마와 범천의 세계를 포함한 이 전 세계를 아시고, 사문과 바라문, 신들과 인간들을 포함한 살아 있는 모든 것을 스스로 아시며, 깨달았으며, 설하시고 보여 주신다.

또 시작과 전개와 결론이 가장 짜임새 있는 가르침을 설하시며, 두루 원만하고 티끌 없는 청정한 생활[梵行]을 설하신다.

그와 같이 존경할 만한 분이 이 마을에 오셨으니 직접 찾아뵈면 좋은 일이 생길 것이다."

투라코티타 마을의 바라문과 재가자들은 세존이 계신 곳으로 찾아갔다. 그리하여 어떤 이는 인사를 하고 또 어떤 이는 친애와 경의로 가득 찬 인사말을 건네고, 어떤 이는 세존께 합장하고, 어떤 이는 세존 바로 앞에서 이름을 밝히며, 또 어떤 이는 묵묵히 한쪽에 앉았다. 세존께서는 그들에게 법을 설하시고 격려하시며, 기쁘게 하셨다.

○ 라타파라, 출가를 희망하다

그때 모인 사람들 가운데서 라타파라라는 어느 좋은 가문의 아들이 있었는데 그는 이렇게 생각했다.

'세존께서 설하신 가르침을 내가 이해하는 바에 따르면, 두루 원만하고 티끌 없으며, 자개처럼 잘 닦여진 청정한 생활은 세속에 머물러서는 실천하기가 어렵다. 그러니 이제 나는 머리와 수염을 깎고 누런 옷을 입고 집을 버리고 출가하리라.'

이윽고 바라문과 재가자들은 세존으로부터 설법을 듣고 격려 받은 것을 기쁘게 생각하여 예찬을 하고, 자리에서 일어나 인사를 드리고 오른쪽으로 도는 예를 표하고 떠났다.

라타파라는 그들이 떠나자 세존의 처소로 찾아와 인

사드리고 한쪽에 앉았다.

그리고 이렇게 여쭈었다.

"존귀하신 스승이시여! 세존께서 설하신 가르침을 제가 이해하는 바에 따르면 세속에 머물러서는 청정한 수행을 실천하기란 여간 어렵지 않습니다. 저는 머리와 수염을 깎고 가사를 입고 집을 버리고 출가하려 합니다. 저는 세존의 처소에 출가하여 비구의 자격[具足戒]을 얻고자 합니다."

"그대는 집을 버리고 출가하는 것을 부모에게 허락 받았는가?"

"허락 받지 않았습니다."

"라타파라여! 모든 여래는 부모에게 허락 받지 않은 사람들은 출가시키지 않는다."

"그렇다면 부모님의 허락을 받아오겠습니다."

○ **출가를 허락 받다**

훌륭한 집안의 아들 라타파라는 자리에서 일어나 세

존께 인사드리고, 오른쪽으로 도는 예를 표하고서 집으로 돌아갔다.

그는 부모님이 계신 곳을 찾아가 이렇게 말했다.

"아버님, 어머님! 저는 머리와 수염을 깎고 가사를 입고 집을 나와 출가하고자 합니다. 부디 허락해 주십시오."

라타파라의 이 같은 간청에 그의 부모가 말했다.

"라타파라야! 우리에게는 자식이 너 하나밖에 없다. 너는 부모의 사랑을 듬뿍 받아 행복하게 자랐기에 괴로움이 어떤 것인지 알지 못한다.

자, 라타파라야! 맛있는 음식을 먹고 마시면서 인생을 즐겨라. 먹고 마시고 즐기면서 모든 욕망을 누리고 또 공덕을 쌓으면서 즐겁게 지내라.

집을 버리고 출가하는 것은 허락할 수 없다. 죽어서 헤어지는 것도 그지없이 슬픈 일인데, 어찌 살아서 이별 따위를 생각하겠는가? 출가는 허락할 수 없다."

라타파라는 다시 한 번 부모에게 출가를 허락해 주십사 애원하였다. 그러나 부모의 허락이 내려질 리가 없었다. 거듭 부모에게 출가를 간청하였지만 역시 부모님은 허락하지 않으셨다. 부모님의 허락을 받지 못한 라타파라는 '아! 내게는 죽음이 아니면 출가뿐이로다' 하면서 그 자리에서 드러눕고 말았다.

(중략)

친구들의 설득에도 라타파라는 아무런 대꾸를 하지 않았다. 다시 친구들은 거듭거듭 그를 설득하려고 했지만 라타파라는 완강히 침묵한 채 아무런 대꾸도 움직임도 보이지 않았다. 하는 수 없이 친구들은 라타파라의 부모에게로 가서 이렇게 말했다.

"아버님, 어머님! 라타파라는 땅바닥에 그대로 드러누워 있습니다. 이대로 출가를 허락하지 않는다면, 그는 자리에 드러누운 채 그대로 죽음을 맞이할 것입니다. 그러니 그의 출가를 허락해 주십시오. 만약 허락하신다면 출가한 다음에도 원하기만 하면 라타파라를 만날 수 있지 않겠습니까? 게다가 설령 그가 집을 버리고 출가하더라도 출가생활에 흥미를 느끼지 못한다면 달리 어떤 길이 있겠습니까? 반드시 집으로 돌아올 것입니다. 그러니 부디 라타파라의 출가를 허락해 주십시오."

"그럼, 너희들의 말대로 내 아들 라타파라의 출가를 허락하겠다. 그러나 출가하더라도 우리를 꼭 만나러 와 준다는 조건을 지켜야 한다."

친구들은 라타파라에게로 가서 부모님의 허락을 전해 주었다.

"라타파라! 일어나게. 부모님께서 자네의 출가를 허락하셨네. 하지만 자네는 출가하더라도 가끔 부모님을 만나러 와야 하네."

부모의 허락을 받은 라타파라는 자리를 털고 일어났다. 그는 체력을 되찾은 뒤에 세존의 처소로 찾아갔다. 세존께 인사드리고 한쪽에 앉아 이렇게 여쭈었다.

"스승이시여! 부모님이 저의 출가를 허락해 주셨습니다. 세존이시여! 저를 출가하게 해 주소서."

라타파라는 세존의 아래에서 출가하여 비구의 자격을 얻었다.

○ 성자[阿羅漢]가 되다

한편 세존께서는 투라코티타에서 자유로이 머무시다가 존자 라타파라가 비구의 자격을 얻은 지 보름 뒤에 사왓띠(사위성)를 향해 떠나셨다. 사왓띠의 이곳저곳을 둘러보신 뒤 그곳 제따 숲에 있는 기원정사에 머무셨다.

한편 존자 라타파라는 굳센 의지를 갖고 다른 사람들과 떨어져 홀로 열심히 정진하면서 지내고 있었다. 이윽고 선남자들이 법답게 출가하여 지향하는 것, 즉 위없이 청정한 생활의 궁극을 현세에서 스스로 알고 깨달아 체득하였다.

삶의 의미는 완성되었다. 깨끗한 수행의 성취로 할 일을 마쳤다. '더 이상 괴로움에 빠지지 않으리라.' 이렇게 존자 라타파라는 아라한이 되었다.

○ 생가를 방문하다

한편 아라한이 된 존자 라타파라는 세존이 계신 곳으

로 찾아가 인사를 올리고 한쪽에 앉아 이렇게 여쭈었다.

"존귀하신 스승이시여! 허락해 주신다면 속가의 부모를 만나러 가고자 합니다."

세존께서는 존자 라타파라의 마음을 헤아려, 그가 수행을 포기하고 다시 세속생활로 되돌아가지 않을 것이라는 것을 아시고 허락하셨다.

"라타파라여! 좋은 때에 가도록 하라."

존자 라타파라는 자리에서 일어나 세존께 인사드리고 오른쪽으로 도는 예를 표하고, 와구(臥具)와 좌구(坐具)를 챙기고, 발우와 가사를 갖춘 뒤 투라코티타를 향해 유행(遊行)을 떠났다.

여기저기를 유행하고 투라코티타에 들어가, 코라비야 왕의 사슴동산에 머물렀다.

어느 날 아침 존자 라타파라는 옷을 입고, 발우와 가사를 갖춘 뒤 탁발하기 위해 투라코티타로 들어갔다. 그리고 집집마다 탁발을 하다가 자신의 아버지 집으로 다가갔다. 그때 그의 아버지는 수레를 세워 두는 곳에서 머리를 깎고 있다가, 멀리서 존자 라타파라의 모습을 보자 자신의 아들인 줄도 모르고 이렇게 말했다.

"저런 머리 깎은 사문 때문에 내 사랑스러운 외아들이 출가해 버렸다."

존자 라타파라는 자신의 아버지가 그러한 이유로 보시를 거부하는 것도 모른 채 모욕만 당하고 물러날 참이었다. 때마침 그의 집에서 일하는 하녀가 지난밤에 먹고 남긴 죽을 버리러 나왔다. 라타파라는 그녀에게 말했다.

"그것을 버리려면, 이 발우 속에 넣어주지 않겠소?"

그녀는 남은 죽을 그의 발우에 쏟아 부었다. 발우를 내민 손과 그 목소리를 무심코 듣던 하녀는 바로 라타파라임을 알아차렸다. 즉시 그의 어머니에게로 달려가 이렇게 알렸다.

"마님, 지금 문 밖에 라타파라 존자님이 오셨습니다."

"내 아들 라타파라가 왔다고? 오! 만약 그것이 사실이라면, 너를 하녀의 신분으로 놔두지 않으리라."

그녀는 남편이 있는 곳으로 달려가 그 소식을 알렸다.

"여보, 기쁜 소식이에요. 라타파라가 돌아왔다고 하는군요."

　　　　　　　　　　　　　3. 라타파라의 출가

그때 존자 라타파라는 벽에 기대어 하녀가 버리려던 죽을 먹고 있었다. 그런 라타파라 곁으로 그의 아버지가 달려와서 말했다.

"라타파라야! 너는 어찌하여 우리가 어제 저녁에 먹다 남긴 죽을 먹고 있느냐? 제 집을 찾아왔으면 당연히 안으로 들어왔어야 할 것을…."

"거사여! 집을 버리고 출가한 제게 어디 집이 있겠습니까? 저는 집 없는 몸입니다. 거사여! 저는 당신의 집에 도착했지만 보시도 받지 못하고 거절의 말도 받지 못하고 오직 업신여김만 받았을 뿐입니다."

"오, 라타파라야! 어서 집으로 들어가자."

"거사여! 그만두시오. 오늘은 이미 공양을 끝냈습니다."

"그럼 라타파라야! 내일 공양을 받겠다고 약속해 다오."

존자 라타파라는 묵묵히 있었다. 그것은 승낙을 의미하는 침묵이었다.

아버지는 라타파라가 승낙했음을 알고 집으로 돌아

와 금화와 금덩어리를 태산처럼 높이 쌓아올리고 돗자리로 덮었다. 그리고 나서 존자 라타파라의 옛날 아내들에게 명했다.

"내 아들은 장신구를 어여쁘게 치장한 너희들을 매우 좋아했다. 자! 장신구로 치장하여라."

날이 밝자 아버지는 갖가지 음식을 준비하고 난 뒤 존자 라타파라에게 알렸다.

"때가 되었다. 라타파라야! 공양 준비가 다 되었다."

그러자 존자 라타파라는 아침에 옷을 입고, 발우와 가사를 갖추고 아버지 집에 찾아가 마련해 놓은 자리에 앉았다. 그의 아버지는 돗자리를 열어 금화와 금덩어리를 보여 주면서 말했다.

"라타파라야! 이것은 너의 어머니 재산이다. 이 밖에 나의 것도 네 할아버지 것도 있다. 이 재산을 마음껏 쓰고 즐기면서 충분히 공덕을 쌓을 수 있다. 라타파라야! 수행을 포기하고 세속생활로 돌아오너라. 집으로 돌아와서 이렇게 많은 재산을 네 마음대로 쓰면서 인생을 즐기고 공덕을 쌓아라."

　　　　　　　　　　　3. 라타파라의 출가

"거사여! 제 말대로 따라 주시겠습니까? 만일 제 말대로 따라 주신다면, 부디 이 태산 같은 금화와 금덩어리를 수레에 실어 갠지스 강 한가운데 던져서 버려 주시오. 이런 재산이 원인이 되어 당신에게는 근심·슬픔·괴로움·걱정·번뇌가 생기는 것입니다."

그때 라타파라의 옛 아내들은 그의 두 발에 매달리며 애원했다.

"당신은 대체 어떤 천녀(天女)의 유혹에 이끌렸기에 집을 버리고 출가하여 수행하시는 것입니까?"

"부인들이여! 청정한 수행생활을 하는 것은 천녀 때문이 아니라오."

"저희들을 '부인들'이라 부르지 마소서."

이렇게 말하면서 여인들은 그 자리에서 실신하여 쓰러졌다. 그러자 라타파라는 그의 아버지에게 말씀드렸다.

"거사여! 보시를 하려거든 어서 공양을 주시오. 더 이상 나를 곤란하게 하지 마시오."

"라타파라야! 어서 이 음식을 먹어라. 이미 준비는 다

되어 있었다."

아버지는 손수 존자 라타파라의 시중을 들면서 온갖 맛있는 음식을 끝까지 먹게 했다. 라타파라는 공양을 끝내자 발우에서 손을 떼고 자리에서 일어나 시를 읊었다.

보라, 허식과 형상을
그것은 고름덩어리, 만들어진 것
병든 것, 많은 미망을 품은 것
이곳의 확실한 주인은 없다.

보라, 마니주나 귀고리로 장식된 모습을
그것은 뼈와 살로 덮인 것
여러 가지 옷을 입어 아름답게 보일 뿐.

붉은 염료로 화장한 얼굴은
어리석은 자를 유혹하기에는 충분하겠지만
피안을 구하는 자를 유혹하진 못하리.

　　　　　　　　　　　　　　　　　　3. 라타파라의 출가

여덟 갈래의 머리와 안쟈나 기름을 바른 눈은
어리석은 자를 유혹하기에는 충분하겠지만
피안을 구하는 자를 유혹하진 못하리.
새롭고 예쁜 안쟈나 기름병처럼 장식된 더러운 몸은
어리석은 자를 유혹하기에는 충분하겠지만
피안을 구하는 자를 유혹하진 못하리.

사냥꾼이 먹이로 덫을 쳐도
사슴은 그곳에 가지 않고 먹이를 다 먹는다.
사냥꾼의 한탄은 아랑곳하지 않고
의연히 그 자리를 떠난다.

존자 라타파라는 선 채로 이 시를 노래한 뒤 코라비야
왕의 사슴동산으로 돌아와, 하루의 휴식을 취하기 위해
어떤 나무 아래 앉았다.

○ 코라비야왕, 네 가지 쇠망을 말하다

마침 그때 코라비야왕이 사냥꾼에게 일렀다.

"사슴동산을 청소하여라. 아름다운 경치를 보면서 동산을 노닐고자 하노라."

"분부대로 하겠습니다. 대왕마마!"

사냥꾼은 사슴동산을 청소하기 시작했다. 그러다가 휴식을 위해 나무 아래에 앉아 있는 존자 라타파라를 발견하였다. 청소를 끝마친 사냥꾼은 코라비야왕의 처소에 돌아와 이렇게 말했다.

"대왕마마! 사슴동산의 청소는 끝마쳤습니다. 그런데 실은 그곳에 대왕마마께서 자주 칭찬하시던 훌륭한 집안의 아들인, 라타파라 존자님께서 어떤 나무 아래 앉아 휴식을 취하고 계십니다."

"그런가? 그렇다면 동산에서 노니는 것은 그만두리라. 그 대신 라타파라 존자님을 찾아뵈러 가야겠다."

코라비야왕은 장만한 모든 음식을 라타파라 존자에게 바치고자 훌륭한 수레를 준비하게 하여, 시종들을 거느리고 왕의 위엄을 떨치면서 라타파라 존자를 만나기 위해 투라코티타를 출발하였다.

수레가 다닐 수 있는 곳까지 수레를 타고 가서는 따라온 모든 시종들을 물러가게 한 후 홀로 라타파라 존자의 처소까지 걸어갔다. 친애와 경의로 충만한 인사를 건넨 뒤에 한쪽에 앉아 말했다.

"라타파라 존자님! 이 코끼리 안장에 앉으십시오."

"대왕이여! 어서 자리에 앉으시지요. 나는 이미 나의 자리에 앉아 있습니다."

그러자 왕은 준비된 자리에 앉아 이렇게 말했다.

"라타파라 존자님! 이 세상에는 네 가지 쇠망이라는 것이 있습니다. 그 네 가지 쇠망에 맞닥뜨렸을 때 사람은 머리와 수염을 깎고 누런 옷을 입고 집을 떠나 출가하는 경우가 있습니다. 네 가지 쇠망이란, 바로 늙음에 의한 쇠망, 병에 의한 쇠망, 재산의 쇠망, 그리고 친족의 쇠망입니다.

먼저 늙음에 의한 쇠망이란, 예를 들면 오랜 세월을 보내는 동안 늙고 병들고 인생의 황혼을 맞이하는 사람이 있다고 합시다. 그는 이렇게 생각합니다.

'나는 오랜 세월을 살아와 늙어서 인생의 황혼을 맞이하였다. 이제 지금부터 재산을 얻거나 증식하는 것은 쉽지 않다. 차라리 머리와 수염을 깎고 누런 옷을 입고 집을 떠나 출가하자.'

그리하여 그는 실제로 출가를 합니다. 이것이 늙음에 의한 쇠망이라는 것입니다. 그러나 당신은 아직 젊으며, 머리카락은 칠흑같이 새까맣고 청춘을 구가하는 청년으로서 늙음에 의한 쇠망 따위는 없습니다.

그런데 도대체 무엇을 알고, 무엇을 보았으며, 무엇을 들었기에 출가하셨습니까?

다음은 병에 의한 쇠망입니다. 병이 매우 심하여 고통스러운 사람은 이렇게 생각합니다.

'나는 병이 심하여 괴롭다. 지금부터 재산을 얻거나 증식하는 것은 쉽지 않다. 차라리 머리와 수염을 깎고 가사를 입고 집을 떠나 출가하자.'

그는 이렇게 생각하고 나서 실제로 출가를 합니다. 이것이 병에 의한 쇠망이라는 것입니다. 그러나 지금 당신

3. 라타파라의 출가

은 병들지도 않았고 그에 따른 고통도 없으며, 소화기능이 건강하고 체온도 알맞으니 병에 의한 쇠망 따위는 없습니다.

그런데 도대체 무엇을 알고, 무엇을 보았으며, 무엇을 들었기에 출가하셨습니까?

다음은 재산의 쇠망입니다. 많은 재보와 재산을 지닌 풍요한 사람이 차례로 그 재산을 잃었을 때 그는 이렇게 생각합니다.

'나의 재산은 차례로 줄어갔다. 지금부터 재산을 얻거나 증식하는 것은 쉽지 않다. 차라리 머리와 수염을 깎고 가사를 입고 집을 떠나 출가하자.'

그리하여 그는 실제로 집을 떠나 출가를 합니다. 이것이 재산의 쇠망입니다. 그러나 투라코티타에서 제일 가는 명문 집안의 아들인 당신에게 이런 쇠망 따위는 없습니다.

그런데 도대체 무엇을 알고, 무엇을 보았으며, 무엇을 들었기에 출가하셨습니까?

다음은 친족의 쇠망입니다. 친구나 친족이 많았던 사

람이 차례로 그들을 잃어버렸을 때 그는 이렇게 생각합니다.

'나에게는 많은 친구와 친족이 있었지만 차례로 그들을 잃어버렸다. 그러니 지금부터 재산을 얻거나 증식하는 것은 쉽지 않다. 차라리 머리와 수염을 깎고 가사를 입고 집을 떠나 출가하자.'

그리하여 그는 실제로 집을 떠나 출가를 합니다. 이것이 친족의 쇠망입니다. 그러나 투라코티타에서 많은 친구와 친족이 있는 당신에게 이런 쇠망 따위는 없습니다.

그런데 도대체 무엇을 알고, 무엇을 보았으며, 무엇을 들었기에 출가하셨습니까?

라타파라 존자님! 이 세상에는 이 네 가지의 쇠망이 있고, 그것에 부딪힐 때 간혹 출가하는 일이 있습니다. 그러나 당신은 이 가운데 어느 하나도 갖고 있지 않습니다. 그런데 도대체 무엇을 알고 무엇을 보고, 무엇을 들었기에 출가하셨습니까?"

○ 라타파라, 네 가지 가르침을 설하다

"대왕이여! 저 세존, 아시는 이, 보시는 이, 존경받을 만한 이, 바르게 깨달은 이께서는 이미 이 네 가지 가르침을 설하였습니다.

나는 그것을 알고 보고 듣고 출가하였습니다. 그러므로 네 가지 가르침을 말하겠습니다.

첫 번째는 '이 세상은 영원하지 않고 모두 죽음으로 나아간다'라는 가르침입니다.

두 번째는 '이 세상에는 보호받을 만한 것도, 의지할 만한 것도 없다'라는 가르침입니다.

세 번째는 '이 세상에는 소유할 것이 없고, 모든 것을 버리고 떠나야만 한다'라는 가르침입니다.

네 번째는 '이 세상에는 싫어할 것도 만족할 것도 없는데 갈애(渴愛)의 노예가 되어 있다'라는 가르침입니다.

이상이 저 세존, 아시는 이, 보시는 이, 존경받을 만한 이, 바르게 깨달은 이의 네 가지 가르침입니다."

"라타파라 존자님! 당신은 '이 세상은 영원하지 않아

모두 죽음으로 나아간다'고 하였는데, 그것은 어떤 의미입니까?"

"대왕이여, 어떻습니까? 당신은 스무 살 무렵부터 코끼리와 말, 전차(戰車)를 자유자재로 부리며 활이나 칼을 능숙하게 다루고, 강한 다리와 팔을 지녔으며 유능하며, 전쟁에 뛰어났었지요? 그렇습니까?"

"라타파라 존자님, 그렇습니다. 이따금 저는 제 자신이 신통력을 지니고 있는 것처럼 여겨졌고 힘 또한 저와 필적할 만한 사람은 보지 못했습니다."

"대왕이여, 당신은 지금도 그때처럼 강한 다리와 팔을 지니고 유능하며 전쟁에 뛰어납니까?"

"아닙니다. 라타파라 존자님! 벌써 수많은 세월이 지나 이제 저는 늙어 인생의 황혼을 맞이했습니다. 이미 나이 80, 생각대로 다리가 움직여지지 않을 때도 있습니다."

"대왕이여! 저 세존께서 '이 세상은 영원하지 않아 모두 죽음으로 나아간다'고 설하셨던 것은 바로 그러한 것입니다. 나는 그것을 알고, 보고, 들어서 출가한 것입니다."

"훌륭하십니다. 놀랍습니다. 라타파라 존자님의 가르침과 같이 바로 이 세상은 영원하지 않고 모두 죽음으로 나아갑니다.

다음에 라타파라 존자님! 이 왕가(王家)에는 코끼리부대·말부대·전차부대·보병부대가 있습니다. 그들은 제가 어려운 상황에 처하면 저를 보호해 줍니다. 그런데 당신은 '이 세상에는 보호해 주는 것도 의지할 것도 없다'고 말씀하셨습니다. 그것은 어떤 의미입니까?"

"대왕이여! 어떻습니까? 혹 지병이 있지는 않습니까?"

"예, 라타파라 존자님! 저는 풍병(風病)이라는 지병을 앓고 있습니다. 그래서 친구와 친족들이 혹시나 제가 세상을 떠날까봐 제 베갯머리에서 서 있습니다."

"대왕이여! 어떻습니까? 그럴 때 친구와 친족들에게 '나의 고통을 나누어 가지자'고 말할 수 있습니까? 아니면 대왕께서 홀로 그 고통을 받아야 합니까?"

"고통을 서로 나누어 가질 수는 없습니다. 나 홀로 그 고통을 받아야만 합니다."

"대왕이여! 저 세존께서 '이 세상에는 보호받을 것도

의지할 것도 없다'고 설하셨던 것은 바로 이러한 것입니다. 나는 그것을 알고, 보고, 들었기에 출가하였습니다."

"훌륭하십니다. 놀랍습니다. 라타파라 존자님의 가르침과 같이 바로 이 세상에는 보호받을 것도 의지할 것도 없습니다.

다음에 라타파라 존자님! 이 왕가에는 많은 금화와 금덩어리가 땅 속에도 집안에도 있습니다. 그런데 당신은 '이 세상에는 소유할 것이 없으니 모든 것을 버리고 떠나야만 한다'고 말씀하셨습니다. 그것은 어떤 의미입니까?"

"대왕이여, 당신은 지금 다섯 가지 쾌락[五欲]8)을 누리고 있습니다. 그러나 내세에서도 그럴 수 있다고 단정할 수 있겠습니까? 언젠가는 재산을 다른 사람에게 물려주고 당신은 스스로 지은 행위에 따라 이 세상을 떠나게 됩니다."

"라타파라 존자님! 저는 지금 다섯 가지 쾌락을 즐기고 있지만, 내세에서도 그것이 이루어질 수 있다고 말할 수는 없습니다. 그러나 언젠가는 이 재산을 모두 다른 사람에게 물려주고 저는 스스로 지은 행위에 따라 이 세상을 떠나야 할 것입니다.”

“대왕이여! 세존께서 '이 세상에는 소유라는 것이 없고 모든 것을 버리고 떠나야만 한다'고 설하셨던 것은 바로 그러한 까닭입니다. 나는 그것을 알고 보고 들었기 때문에 출가한 것입니다.”

“훌륭하십니다. 놀랍습니다. 라타파라 존자님의 가르침과 같이 바로 이 세상에는 소유라는 것이 없고 언젠가는 모두를 버리고 떠나야만 합니다.

다음에 라타파라 존자님! 당신께서 '이 세상에는 싫어할 것도 만족해 할 것도 없는데 갈애(渴愛)의 노예가 되어 있다'고 말씀하셨습니다. 그것은 어떤 의미입니까?”

“대왕이여, 어떻습니까? 당신의 쿠루국(國)은 번영하고 있습니까?”

“번영하고 있습니다.”

“만약 믿을 만한 어떤 남자가 동쪽에서 와서, '대왕마마! 저는 동쪽에서 왔는데, 그곳에 풍요롭고 인구가 많은 큰 나라를 보았습니다. 그곳에는 많은 코끼리부대·말부대·전차부대·보병부대가 있고, 또 많은 금덩어리와 보물이 있으며 게다가 많은 여인들도 있습니다. 대왕마마! 이 정도 병력이라면 충분히 그 나라를 정복할 수 있습니다. 대왕마마! 정복하소서'라고 말한다면 당신은 어떻게 하겠습니까?"

"저는 그 나라를 정복하여 다스릴 것입니다."

"그런데 대왕이여! 또 다른 어떤 믿을 만한 남자가 서쪽에서도 오고 북쪽에서도 오고 남쪽에서도 오고 바다 건너에서도 와서 같은 말을 한다면 어떻게 하겠습니까?"

"저는 그들 나라를 모두 정복하여 다스리겠습니다."

"대왕이여! 저 세존, 아시는 이, 보시는 이, 존경받을 만한 이, 바르게 깨달은 이께서는 '이 세상에는 싫어할 것도 만족할 것도 없는데, 갈애의 노예가 되어 있다'고 설하셨던 것은 바로 그러한 것입니다. 나는 그것을 알고 보고 들었기에 출가한 것입니다."

"훌륭하십니다. 놀랍습니다. 라타파라 존자님의 가르침과 같이 바로 이 세상에는 싫어할 것도 만족할 것도 없는데, 갈애의 노예가 되어 있습니다."

이렇게 말한 다음, 라타파라 존자는 거듭 말했다.

세상에 재산 있는 이들을 보자.
그들은 재산을 얻었더라도
어리석음 때문에 베풀려 하지 않네.
욕심 많은 이들은 재산을 모아
끝없이 늘리면서 모든 욕망을 추구하리.

왕은 지상을 정복하고,
바닷가에 이르기까지 대지를 제패하여 다스리면서,
바다 이편에 만족하지 않고
저편까지도 추구하려 하네.

왕도 다른 많은 사람들도
갈애를 떠나지 못한 채 죽음에 이르네.
소망을 이루지 못한 채 육체를 버리네.
이 세상에서는 모든 욕망을 이룰 수 없기 때문이라네.

친족들은 머리를 풀어헤치고 그의 주검 앞에서,
'아! 슬프도다. 영원토록 살 수 있다면
얼마나 좋으리' 하며 애도하네.
흰 수의를 입히고 장작을 쌓아 태우네.

그는 재산을 버리고 한 벌의 흰 수의와 함께
꼬챙이에 뒤적뒤적 태워지네.
죽은 이가 의지할 만한 것은 하나도 없나니.
아무리 친족이나 친구라 해도
상속인이 그의 재산을 가지고 떠나네.

그러나 생명 있는 자는
스스로 지은 행위에 따라 떠나리.
재산도 처자도 다스리던 땅도
어느 것 하나, 죽은 자를 따르지 않네.

장수(長壽)는 재산으로 살 수 없고
늙음은 부(富)로써 막을 수 없나니

현자는 말한다네.
"인생은 짧고 덧없는 것, 변하기 쉬운 것"이라고.

부유한 자도 가난한 자도 죽음을 맞이하네.
어리석은 이도 현명한 이도 죽음을 맞이하네.
어리석은 이는 어리석음 때문에
느닷없이 죽음의 습격을 받고 쓰러지지만
현명한 이는 당황하지 않는다네.

그러므로 지혜야말로 재산보다 뛰어나고
그로 인해 사람은 이 세상에서 완성에 도달하리.
미완성의 사람은 어리석기 때문에
갖가지 삶에서 악한 일을 하리.

사람은 거듭 윤회에 빠져
모태에 깃들거나 다른 세계에 태어난다네.
지혜 없고 자신밖에 모르는 자는
모태에 깃들거나 다른 세계에 태어난다네.

훔치려다 붙잡힌 도둑이 그 벌을 받듯이
사람은 죽은 다음 다른 세계에서
스스로의 행위 때문에 죄를 받는다네.

욕망은 다채롭고 감미로우며 흡족하며,
가지각색으로 마음을 어지럽힌다네.
왕이여! 나는 욕망의 대상에 있는 번잡함을 보았네.
그리하여 출가하였다네.

젊은 청년도 늙은 노인도
육체가 무너지면 생명을 잃어버린다네.
마치 나무에서 열매가 떨어지듯이
왕이여! 나는 이것을 보았네.
그래서 출가하였다네.
진실한 사문, 그만이 승리하리.

4
—
진리의 상속자
(法嗣經)

○ 법의 상속자, 재산의 상속자

이와 같이 나는 들었다.

세존께서 사왓띠(사위성) 제따 숲에 있는 기원정사에 머물고 계실 때의 일이다.

어느 때 비구들에게 말씀하셨다.

"비구들이여!"

"세존이시여!"라고 비구들이 답하자 세존께서 다음과 같이 설하셨다.

"비구들이여! 내 법의 상속자가 되어라. 내 재산의 상속자가 되어서는 안 된다. 나는 그대들을 사랑하는 까닭에 '어떻게 하면 제자들이 내 법의 상속자가 되며 내 재산의 상속자가 되지 않게 할 수 있을까'를 생각한다.

비구들이여! 그대들이 내 법의 상속자가 되지 않고 재산의 상속자가 된다면, 이로 인해 사람들의 입에 오르내리며 '세존의 제자들은 스승의 재산의 상속자가 되었지, 법의 상속자가 되지는 못했다'라는 비난을 듣게 된다. 사람들은 나를 가리켜서도 그와 같이 말하리라.

그러나 만약 그대들이 내 재산의 상속자가 되지 않고 법의 상속자가 된다면, 이로 인해 사람들의 입에 오르내리는 일도 없을 것이고 또 사람들은 그대들을 가리켜 '세존의 제자들은 스승의 법의 상속자가 되었으며, 재산의 상속자가 되지 않았다'라고 말할 것이다. 사람들은 나를 가리켜서도 그와 같이 말하리라.

그러므로 비구들이여! 바로 지금 내 법의 상속자가 되어라. 재산의 상속자가 되어서는 안 된다. 나는 그대들을 사랑하는 까닭에 '어떻게 하면 제자들이 내 재산의 상

4. 진리의 상속자

속자가 되지 않고 법의 상속자가 되게 할 수 있을까'라고 말한다.

비구들이여! 내가 지금 여기에서 음식을 먹는데 배가 부르도록 먹고도 그 음식이 남았다고 하자. 그때 굶주림과 피로에 지친 두 비구가 다가왔다. 내가 이렇게 말했다고 하자.

'비구들이여! 나는 지금 음식을 배가 부르도록 먹어서 물릴 정도이다. 그러고도 음식이 이렇게 남아 있다. 만약 그대들이 먹고 싶다면 먹어도 좋다. 그렇지 않으면 이 음식들을 풀이 나지 않는 땅이나 생물이 살지 않는 연못에 버리도록 하라.'

그러자 그중 한 비구가 이렇게 생각했다고 하자.

'세존께서는 이 남은 음식을 우리가 먹고 싶으면 먹고, 먹을 생각이 없으면 버리라고 하셨다. 그런데 세존께서는 우리에게 이르시기를 재산의 상속자가 되지 말고 법의 상속자가 되라고 하셨다. 지금 이 음식도 일종의 재산이다. 그렇다면 이 음식을 먹을 것이 아니라 굶주리고 피곤한 채로 오늘 하루를 지내야겠다.'

이리하여 그는 그 음식을 먹지 않고 굶주리고 피곤한 채로 지냈다고 하자.

한편 또 다른 비구는 이렇게 생각했다고 하자.

'세존께서는 이 남은 음식을 우리가 먹고 싶으면 먹고, 먹을 생각이 없으면 버리라고 하셨다. 그렇다면 나는 이 음식을 먹고 굶주리고 지쳤던 몸을 달래서 오늘 낮과 밤을 지내야겠다.'

이리하여 그는 음식을 먹고 굶주리고 지친 몸을 달래어 그 날을 보냈다고 하자.

비구들이여! 이 비구가 음식을 먹음으로써 굶주리고 지친 몸을 달래며 하루를 보냈다고 한다면, 첫 번째 비구야말로 존경받을 만하고 찬탄 받을 만한 사람이라고 나는 생각한다. 그 까닭은 이와 같다.

저 첫 번째 비구의 그 길고 긴 밤은 작은 것을 바라고 사소한 것에 만족하며, 욕망을 다스려 주어진 것에 기뻐하고 노력 정진해야 한다는 수행에 유익한 밤이 되었을 것이기 때문이다.

그러므로 비구들이여! 내 법의 상속자가 되어라. 재산

의 상속자가 되어서는 안 된다. 나는 그대들을 사랑하는 까닭에 '어떻게 하면 제자들이 나의 재산의 상속자가 되지 않고 법의 상속자가 되게 할 수 있을까'를 생각한다고 말하는 것이다."

이와 같이 세존께서 말씀하셨다.

이렇게 말씀하신 뒤에 세존께서는 자리에서 일어나 정사(精舍)에 드셨다.

○ 떠남이라는 것

세존께서 떠나시자 곧 존자 사리뿟따(舍利弗)가 비구들을 불렀다.

"현자이신 비구들이여!"

비구들이 "존자이시여!" 하고 답하자 존자 사리뿟따는 다음과 같이 이야기하기 시작했다.

"현자들이여, 중견 비구들과 갓 들어온 비구들 또한 마찬가지로 이 세 가지 비난을 받게 될 것입니다.

현자들이여! 스승께서 먼 곳에 계실 때 제자들이 '떠

남'을 닦지 않는다면 어떻게 되겠습니까? 그리고 스승께서 먼 곳에 계실 때 제자들이 '떠남'을 닦는다면 또 어떻게 되겠습니까?"

"현자시여! 저희들은 지금 말씀하신 그 뜻을 알기 위해 멀리서라도 존자 사리뿟따에게 달려와야 합니다. 모쪼록 이 뜻이 존자 사리뿟따에 의해 밝혀지기를 바랍니다. 비구들은 존자께서 말씀하시는 내용을 듣고 그것을 마음에 새길 것입니다."

"그렇다면 말하리다. 잘 듣고 생각하시오."

"그리 하겠습니다, 존자이시여!"

비구들이 대답하자 존자 사리뿟따는 이야기하기 시작했다.

"지금 스승께서 먼 곳에 계실 때 제자들이 '떠남'에 관한 가르침을 수행하지 않고, 스승께서 버리라고 말씀하신 것을 버리지 않으며, 사치스럽고 게으르며 타락에 몸을 내맡긴 채 '멀리 떠남'이라는 가르침을 저버린다면 장로 비구들은 다음의 세 가지 점에서 비난받아 마땅합니다.

첫 번째는 스승께서 먼 곳에 계실 때 제자들은 '떠남'에 관한 가르침을 수행하지 않는다는 비난이요, 두 번째는 스승께서 버리라고 말씀하신 것을 버리지 않는다는 비난입니다. 그리고 세 번째는 사치스럽고 게으르며 타락에 몸을 내맡긴 채 멀리 떠남의 가르침을 저버렸다는 비난입니다.

현자들이여! 장로 비구들은 바로 이 세 가지 비난을 받아 마땅할 것입니다.

현자들이여! 중견 비구들과 갓 들어온 비구들 또한 마찬가지로 이 세 가지 비난을 받게 될 것입니다.

현자들이여! 스승께서 먼 곳에 계실 때 제자들이 '떠남'에 관한 가르침을 수행하지 않는다면 이와 같이 될 것입니다.

한편 스승께서 먼 곳에 계실 때 제자들이 '떠남'에 관한 가르침을 수행한다면 어떻게 되겠습니까?

현자들이여! 지금 스승께서 먼 곳에 계실 때 제자들이 '떠남'에 관한 가르침을 수행하고 스승께서 버리라고 말씀하신 것을 버리며, 사치하지 않고 게으르지 않으며,

타락의 길에서 나와 '멀리 떠남'이라는 가르침을 익힌다면 그 장로 비구들은 다음의 세 가지 점에서 찬탄받을 것입니다.

첫 번째는 스승께서 먼 곳에 계실 때 제자들은 '떠남'에 관한 가르침을 수행한다는 찬탄이고, 두 번째는 스승께서 버리라고 말씀하신 것을 버렸다는 찬탄입니다.

그리고 세 번째는 사치하지 않고 게으르지 않으며 타락의 길에서 나와 멀리 떠남의 가르침을 익힌다는 찬탄입니다.

현자들이여! 중견 비구들과 갓 들어온 비구들 또한 마찬가지로 이 세 가지 찬탄을 받게 될 것입니다.

현자들이여! 스승께서 먼 곳에 계실 때 제자들이 '떠남'에 관한 가르침을 수행한다면 바로 이와 같이 되는 것입니다.

○ 중도의 가르침과 8성도(八聖道)

이처럼 현자들이여! 탐욕은 악입니다. 증오는 악입니

4. 진리의 상속자

다. 탐욕과 증오를 버리기 위해 바로 '중도'의 가르침이 있는 것입니다. 중도의 가르침은 우리에게 안목을 주고 지혜를 주며, 고요함[寂靜]으로 인도하며, 신통력으로 인도하며, 바른 깨달음과 열반으로 인도합니다.

현자들이여! 그렇다면 이 중도란 무엇을 의미합니까? 그것은 바로 여덟 가지 성스러운 길, 즉 8성도(八聖道)이니 바른 견해, 바른 생각, 바른 말, 바른 행동, 바른 생활, 바른 노력, 바른 기억, 그리고 바른 선정입니다.

현자들이여! 눈을 주고 지혜를 주며, 고요함과 신통력과 바른 깨달음과 열반으로 인도하는 이 중도란 바로 이러한 것입니다.

현자들이여! 성냄은 악입니다. 원한은 악입니다. 위선은 악입니다. 남을 해치려는 생각도 악입니다. 질투와 인색함도 악입니다. 거짓과 배신도 악입니다. 혼미함도 악입니다. 언쟁도 악입니다. 방자함도 악입니다. 거만한 마음도 악입니다. 우쭐거림도 악이며, 게으름도 악입니다.

이것을 버리기 위해 바로 '중도'의 가르침이 있는 것입니다. 중도의 가르침은 우리에게 눈을 주고 지혜를 줍니다. 고요함과 신통력과 바른 깨달음과 열반으로 인도하는 것입니다.

현자들이여! 그렇다면 그 중도란 무엇을 의미합니까? 그것은 바로 여덟 가지 성스러운 길, 즉 8성도이니 바른 견해, 바른 생각, 바른 말, 바른 행동, 바른 생활, 바른 노력, 바른 기억, 그리고 바른 선정입니다.

현자들이여! 중도란 바로 이와 같은 것입니다.”

존자 사리뿟따는 이와 같이 말하였다. 기쁨에 넘치는 저 비구들은 존자 사리뿟따가 말한 내용을 믿음으로써 잘 받아들였다.

4. 진리의 상속자

5

—

인간 사회의 성립과 기원
(起源經)

○ **미가라마따의 강당에서**

이와 같이 나는 들었다.

어느 때 세존께서 사왓띠(사위성)의 동쪽 동산에 있는 미가라마따 강당에 머물고 계셨다.

그때 사문이 되기로 결심한 바셋따와 바라드와자[9]가 비구들과 함께 수행하며 나날을 보내고 있었다.

어느 날 해가 서쪽으로 기울 무렵 홀로 선정에 드신 세존께서 강당을 내려와 편안한 마음으로 강당 아래에 있는 광장을 거닐고 계셨다.

바셋따는 세존의 모습을 보고 바라드와자에게 권했다.

"바라드와자여! 세존께서 홀로 선정에 드셨다가 지금 일어나 강당 밖을 산책하고 계십니다. 어서 세존이 계신 곳으로 다가갑시다. 그러면 조금이라도 친히 세존의 가르침을 받을 수 있을 것입니다."

"그리합시다. 바셋따여!"

그리하여 두 사람은 세존께로 다가가 합장을 하고 고요히 산책하시는 세존의 뒤를 따라 걸었다.

그러자 세존께서 바셋따에게 말씀하셨다.

"바셋따여! 그대들은 바라문 가문의 자손들로서 집을 나와 집 없는 생활을 하고 있는데, 그 일로 말미암아 바라문들이 그대들을 욕하거나 비난하지는 않는가?"

"존귀하신 스승이시여! 바라문들은 그들 특유의 방식대로 상스럽고 거친 말로 저희들을 비난하고 있습니다."

"그렇다면 대체 그들은 어떤 말로 그대들을 욕하고 비난하는가?"

○ 바라문들의 비난

"존귀하신 스승이시여! 바라문들은 이렇게 말하고 있습니다.

'바라문이야말로 으뜸가는 계급이며 다른 신분은 열등한 계급이다. 바라문이야말로 깨끗한 계급이며 다른 사람들은 검게 물든 계급이다. 바라문만이 청결하며 바라문이 아닌 자는 그렇지 않다. 바라문만이 범천의 친자식이며 범천의 후계자인 것이다.

그런데 그대들은 이 같은 으뜸가는 계급의 권위를 버리고 열등한 계급과 사귀고 있다. 머리털을 빡빡 깎은 사이비 사문의 무리들과 사귀고 있다. 하천하고 더럽고 범천의 발에서 태어난 자들과 사귀고 있다. 그대들이 으뜸가는 계급을 버리고 이런 무리들과 사귄다는 것은 결코 좋은 일이 아니며 권할 만한 일도 못 된다.'

이렇게 바라문들은 그들 특유의 방식으로 저희들을 욕하며 비난하고 있습니다."

"과연 그러하다. 바셋따여! 바라문들은 모두가 옛날의

일을 모두 잊어버리고 그와 같이 말하는 것이다.

그러나 바셋따여! 바라문의 여인들은 다른 계급의 여인들과 마찬가지로 월경과 임신, 출산과 젖을 주는 것까지도 경험하고 있지 않은가! 또 그들 바라문 역시 똑같이 모태에서 나왔으면서도 자신들만이 가장 훌륭한 범천의 친아들이라고 말한다. 그들은 범천에 대하여 거짓되게 말하면서 많은 악을 낳고 있는 것이다."

○ 4계급의 평등

"바셋따여! 네 개의 계급이 있다. 왕족, 바라문, 서민, 그리고 노예가 그것이다.

왕족일지라도 그 가운데에는 실제로 중생을 죽이고 빼앗고 애욕에 물든 삿된 행위를 하며, 거짓말과 험한 말, 욕하고 이간질하며 탐욕에 물들어 있고 증오심을 품으며, 그릇된 견해를 갖고 있는 자가 있음을 볼 수 있다.

또 그런 자들의 성품은 악하고 가까이 해서는 안 되며 존귀한 사람으로 불릴 수 없고 검고 더럽혀져 있으며,

5. 인간 사회의 성립과 기원

검고 더럽혀진 과보를 가지며, 지혜로운 사람으로부터 비난을 받는다. 왕족 가운데에도 이러한 사람들이 섞여 있음을 볼 수 있다.

또 바셋따여! 바라문일지라도 그와 같은 열 가지 나쁜 행위를 하는 자가 있음을 보게 되며, 서민과 노예 중에서도 그와 같은 열 가지 악한 일을 하는 사람이 있음을 보게 된다.

바셋따여, 그와 반대로 왕족일지라도 현실적으로 중생을 죽이지 않으며, 주지 않는 물건은 갖지 않고 애욕에 물들지 않고 거짓말과 험한 말과 욕과 이간질을 하지 않으며, 탐욕을 떠나 있고 증오심을 품지 않으며, 그릇된 견해를 품지 않은 사람이 있다.

이러한 사람들의 성품은 착하고 죄가 없으며 가까이 다가갈 만하며 존귀한 사람이라고 불릴 만하며, 희고 깨끗하며 희고 깨끗한 과보를 받아 지혜로운 사람들로부터 칭찬을 받는다. 그런 사람들이 왕족 가운데에도 섞여 있음을 본다.

또한 바셋따여! 바라문일지라도 그와 같은 열 가지 착

한 행위를 하고 있는 자가 있고, 서민과 노예 중에서도 그와 같은 열 가지 착한 일을 하는 사람이 있음을 볼 수 있다.

바셋따여! 이러한 네 가지 계급을 통해서 그 행위와 성품이 검고 더럽혀져 있는 사람과 희고 깨끗한 사람, 지혜로운 사람으로부터 칭찬받고 비난받는 사람의 두 종류가 각각 존재하고 있다.

그러므로 바라문들이 주장하는 저들만이 가장 뛰어나다는 생각은 이 세상의 선지자들에게는 인정받지 못한다.

왜냐하면 바셋따여! 이들 네 가지 계급 가운데 누구든 무릇 비구가 되어 존경받을 만한 자격이 있는 사람, 번뇌의 더러움을 모두 멸한 사람, 청정한 수행을 완성한 사람, 해야 할 일을 모두 마친 사람, 짐을 내린 사람, 자기의 목적을 완수한 사람, 생존의 속박을 끊은 사람, 바른 지혜에 의해 해탈한 사람이라면, 그 사람은 세상에서 가장 으뜸가는 자로서 바로 보편적 규범의 진리 속에 있는 자이다.

왜냐하면 보편적 규범의 진리는 현세와 내세에 걸쳐 가장 뛰어난 것이기 때문이다."

○ 사람에게 있어 가장 뛰어난 것

바셋따여! 다음의 예에서 '보편적 규범의 진리가 현세와 내세에 걸쳐 가장 뛰어나다는 것'을 이해하면 좋을 것이다.

바셋따여! 꼬살라국의 빠세나디왕은 '사문 고따마는 사까족 출신'이라는 것을 알고 있다.

그런데 그 사까족은 꼬살라국에 예속되어 있다. 사까족은 빠세나디왕에게 몸을 낮추고 머리를 조아리며 정중하게 예를 올리면서 맞이하고 합장하면서 겸손한 태도를 취한다. 사까족이 빠세나디왕에게 하는 것과 똑같은 태도로 빠세나디왕은 여래에게 겸손한 태도를 취하고 있다.

'사문 고따마는 태생이 좋다. 그러나 우리는 태생이 나쁘다. 사문 고따마는 역량이 있지만 우리는 미약하다. 사문 고따마는 단정한데 우리는 추하다. 사문 고따마는 위대한 영향력이 있지만 우리는 영향력이 없다'라고 생각하면서.

이처럼 보편적 규범의 진리를 존경하고 존중하며 숭배하고 받들기 때문에 빠세나디왕은 여래를 향해 겸손한 태도를 취하는 것이다.

이러한 실례에 의해 '보편적 규범의 진리가 현세와 내세에 걸쳐 가장 뛰어난 것이다'라는 말을 이해하면 좋을 것이다.

바셋따여! 그대들은 각각 서로 다른 출생, 서로 다른 이름, 서로 다른 성, 서로 다른 가문에 있다가 재가생활을 버리고 출가의 길에 들어선 것이다.

만약 어떤 사람이 '당신은 누구인가?'라고 묻는다면 '우리는 사까족 출신인 고따마를 따르는 사문이다'라고 대답하는 것이 좋을 것이다.

바셋따여! 여래에 대한 믿음이 안정되고 뿌리 깊고 확고하여 그 어떠한 사문이나 바라문, 악마, 범천, 신과 세상의 어떠한 사람에 의해서도 동요되지 않는 사람은 매우 적절하게도 이렇게 일컬어진다.

"그는 세존의 친자식이며 그 입에서 나온 사람으로서 보편적 규범에 의해 태어났고 보편적 규범에 의해 창조된 보편적 규범의 상속자이다."

이 말은 무슨 뜻인가 하면 여래에게는 다음과 같은 이름이 있기 때문이다.

즉 '보편적 규범에 속한 자', '신성한 존재에 속한 자', '보편적 규범이 된 자', '신성한 존재인 자'라는 이름이다.

(중략)

○ 보편적인 규범에 의한 계급의 평등성

바셋따여! 아무리 왕족인 사람이라 할지라도 몸과 입과 뜻으로 악한 일을 저지르고 사악한 견해를 가진 사람이라면, 사악한 견해와 행위에 따른 결과로서 육체가 부서져 죽은 뒤에 고통스럽고 나쁜 곳, 파멸의 세계인 지옥에 가서 태어난다.

설령 그가 바라문일지라도, 서민이나 노예, 사문이라 할지라도 역시 몸과 입과 뜻으로 악한 일을 저지르고 사악한 견해를 가진 사람이라면, 사악한 견해와 행위에 따른 결과로서 육체가 부서져 죽은 뒤에는 고통스럽고 나쁜 곳, 파멸의 세계인 지옥에 가서 태어난다.

바셋따여! 반면에 그가 왕족이라도 몸과 입과 뜻으로 착한 행위를 하고 바른 견해를 가진 사람이라면, 바른 견해와 행위에 따른 결과로서 육체가 부서져 죽은 뒤에는 선량한 곳인 하늘에 가서 태어난다.

설령 그가 바라문일지라도, 서민이나 노예, 사문이라 할지라도 역시 몸과 입과 뜻으로 착한 행위를 하고 바른 견해를 가진 사람이라면, 바른 견해와 행위에 따른 결과로서 육체가 부서져 죽은 뒤에는 선량한 곳인 하늘에 가서 태어난다.

바셋따여! 아무리 왕족인 사람이라 할지라도 몸과 입과 뜻으로 선악의 두 가지 행위를 하고, 옳고 그름이 섞인 견해를 가진 사람이라면 옳고 그름이 섞인 견해와 행위에 따른 결과로서 육체가 부서져 죽은 뒤에는 즐거움과 괴로움을 함께 경험하게 된다.

설령 그가 바라문이나 서민, 노예나 사문이라 할지라도 예외일 수는 없으리라.

바셋따여! 왕족인 사람이 몸과 입과 뜻의 행위에 있어 스스로를 신중하게 다스린다면 그는 깨달음을 향한 길을 이루는 일곱 가지 사항[七覺支]10)을 수행함에 따라 현세에서 완전한 고요함(열반의 세계)에 들게 된다.

설령 그가 바라문이나 서민, 노예나 사문이라 할지라도 예외일 수는 없으리라.

왜냐하면 이 네 가지 계급의 사람은 그가 누구이건 간에 무릇 비구로서 존경할 만한 사람, 번뇌의 더러움을 멸한 사람, 깨끗한 수행을 완성한 사람, 해야 할 일을 모두 마친 사람, 짐을 내린 사람, 자기의 목적을 이룬 사람, 생존의 속박을 끊은 사람, 올바른 지혜에 의해 해탈한 사람이라면 그 사람이 세상에서 가장 으뜸가는 사람이며, 바로 보편적 규범인 진리에 있는 사람이다.

6
—

뿌르나를 가르치다
(教誡뿌르나經)

○ 뿌르나에 대한 가르침

이와 같이 나는 들었다.

어느 때 세존께서 사왓띠(Sāvatthī, 舍衛城)에 있는 제따 숲의 기원정사에 머무셨다.

한편 뿌르나[Pūrṇa Maitrayani-putra, 富樓那] 존자는 저녁 무렵 선정에서 일어나, 세존의 처소에 가서 친애와 우의로 가득 찬 인사말을 세존께 드린 다음 한쪽에 앉아 세존께 말씀드렸다.

"존자 세존이시여! 부디 저에게 가르침을 간략하게 설하여 주소서. 세존의 가르침을 듣고 저는 홀로 떨어져 살면서도 게으르지 않고 부지런히 정진하면서 생활할 수 있을 것입니다."

"뿌르나여! 잘 듣고 생각하여라. 설명해 주리라."

"명심하겠습니다"라고 뿌르나 존자는 대답하였다.

세존께서는 다음과 같이 설하셨다.

"뿌르나여! 눈으로 지각하는 여러 모습은 좋아할 만하고 사랑스러우며, 유쾌하고 기쁘며, 쾌락적이어서 욕망을 불러 일으킨다.

만약 비구가 그것을 좋아하여 맞아들이고 집착한다면 그 비구에게는 기쁨이 생긴다. 기쁨이 생기면 괴로움이 생긴다.

뿌르나여! 귀로 지각하는 소리, 코로 지각하는 향기, 혀로 지각하는 맛, 몸으로 지각하는 느낌, 마음으로 지각하는 것은 좋아할 만하고 사랑스러우며, 유쾌하고 기쁘며 쾌락적이어서 욕망을 불러 일으킨다.

만약 비구가 그것을 좋아하여 맞아들이고 집착한다

면 그 비구에게는 기쁨이 생긴다. 기쁨이 생기면 괴로움이 생긴다.

뿌르나여! 눈으로 지각하는 여러 모습은 좋아할 만하고 사랑스러우며, 유쾌하고 기쁘며, 쾌락적이어서 욕망을 불러 일으킨다.

만약 비구가 그것을 맞아들이지 않고 집착하지 않는다면, 그 비구에게는 기쁨이 소멸한다. 기쁨이 소멸하면 괴로움이 소멸한다.

뿌르나여! 귀로 지각하는 소리, 코로 지각하는 향기, 혀로 지각하는 맛, 몸으로 지각하는 느낌, 마음으로 지각되는 것은 좋아할 만하고 사랑스러우며, 유쾌하고 기쁘며, 쾌락적이어서 욕망을 불러 일으킨다.

만약 비구가 그것을 맞아들이지 않고 집착하지 않는다면 그 비구에게는 기쁨이 소멸한다. 기쁨이 소멸하면 괴로움이 소멸한다."

6. 뿌르나를 가르치다

○ 뿌르나의 마음가짐

"그런데 뿌르나여! 이렇게 간단하게 가르침을 설하였는데 그대는 어느 지방에서 살려고 하는가?"

"이렇게 세존께서 간략하게 가르침을 설하셨습니다. 스나바란타라는 지방이 있는데 저는 이제 그곳에 머물고자 합니다."

"뿌르나여! 스나바란타 사람들은 거칠다. 그 지방 사람들은 포악하다. 만약 그곳 사람들이 너를 매도하고 질타한다면 너는 어떻게 하겠는가?"

"만약 스나바란타 사람들이 저를 매도하고 질타한다면 저는 '이 스나바란타 사람들은 매우 좋은 사람들이다. 이 지방 사람들은 매우 좋은 사람들이다. 이 사람들은 나를 손으로 때리지 않는다'고 생각할 것입니다. 세존이시여! 그와 같을 때는 이렇게 생각할 것입니다. 행복한 이여! 그와 같을 때는 이렇게 생각할 것입니다."

"그럼 뿌르나여! 만약 스나바란타 사람들이 너를 손으로 때린다면 너는 어떻게 하겠는가?"

"그와 같을 때 저는 '이 스나바란타 사람들은 매우 좋은 사람들이다. 나를 흙덩어리로 때리지 않는다'고 생각할 것입니다."

"그럼 만약 스나바란타 사람들이 너를 흙덩어리로 때린다면 너는 어떻게 하겠는가?"

"그와 같을 때 저는 '이 스나바란타 사람들은 매우 좋은 사람들이다. 나를 몽둥이로 때리지 않는다'고 생각할 것입니다."

"그럼 만약 그들이 너를 몽둥이로 때린다면 어떻게 하겠는가?"

"그와 같을 때는 '이 사람들은 매우 좋은 사람들이다. 나에게 칼로 상처 주지 않는다'고 생각할 것입니다."

"그럼 만약 그들이 너에게 칼로 상처 준다면 어떻게 하겠는가?"

"그와 같을 때는 '이 사람들은 매우 좋은 사람들이다. 나를 예리한 칼로 죽이려 하지 않는다'고 생각할 것입니다."

"그럼 만약 그들이 너를 예리한 칼로 죽인다면 어떻게

하겠는가?"

"그와 같을 때는 '세존의 제자들 가운데에는 몸과 생명을 싫어하여 죽여 줄 사람을 구하려는 이가 있다. 나는 구하지 않아도 죽여 줄 사람을 얻었다'고 생각할 것입니다."

"잘 생각했다 잘 생각했다, 뿌르나여! 너는 인내심과 안심(安心)을 갖추었으니 스나바란타 지방에 갈 수 있을 것이다. 자, 떠날 때가 왔다면 가거라."

○ **뿌르나의 전도와 열반**

그리하여 뿌르나 존자는 세존의 가르침을 듣고 매우 기뻐하면서 자리에서 일어나 세존을 예배하고 오른쪽으로 돌아 예를 표하고, 방석을 챙기고 의발을 갖추어 스나바란타 지방을 순례하기 시작하였다.

차례로 순례하여 마침내 그 지방에 들어가 그곳에서 살았다. 그리고 그 해 우기(雨期)의 하안거(夏安居)[11] 동안에 남성·여성 재가신자들을 5백 명 가량 부처님의 제자로 교화하였으며, 자신은 세 가지 초인적인 능력[三明][12] 을 깨달았다. 그런 뒤 뿌르나 존자는 열반에 들었다.

한편 많은 비구들은 세존의 처소에 가서 절을 올리고 한쪽에 앉았다. 한쪽에 앉은 비구들이 세존께 사뢰었다.

"존자이시여! 세존께서 간략하게 가르침을 설해 주셨던 '뿌르나'라는 훌륭한 집안의 아들이 죽었습니다. 그의 경지는 어떠하며 미래의 운명은 어떻게 되겠습니까?"

"비구들이여! 훌륭한 집안의 아들 뿌르나는 현자였다. 가르침을 가르침답게 실천하고 나로 하여금 가르치는 것에 대해 번민하게 하지 않았다. 비구들이여! 훌륭한 집안의 아들 뿌르나는 열반에 들었다."

이렇게 세존께서 말씀하시자 비구들은 세존의 말씀을 듣고 매우 기뻐하였다.

7

—

까사빠 장로
(가섭 비구)

○ **만족함**

어느 때 세존께서는 사왓띠에 계셨다.

세존께서는 비구들에게 이렇게 설하셨다.

"비구들이여! 이 까사빠(가섭)는 어떤 옷에도 만족한다. 또 그는 어떤 옷에도 만족하는 것을 찬탄한다. 그는 옷 때문에 바람직하지 못한 부정에 빠져드는 일이 없다. 옷을 얻지 못했더라도 그는 마음이 동요되지 않는다. 옷을 얻었더라도 그는 그것에 집착하지 않고 미혹되지 않고 탐닉하지 않으며 옷에 의해서 일어나는 오류를 보고 '옷은 추위를 막을 정도면 만족한다'라고 하는 욕망을 떠난 지혜를 가지고 옷을 입는다.

비구들이여! 이 까사빠는 어떤 음식에도 만족한다. 또 그는 어떤 음식에도 만족하는 것을 찬탄한다. 그는 음식 때문에 바람직하지 못한 부정에 빠져드는 일이 없다. 음식을 얻지 못했더라도 그는 마음이 동요되지 않는다. 음식을 얻었더라도 그는 그것에 집착하지 않고 미혹되지 않고 탐닉하지 않으며 음식에 의해서 일어나는 오류를 보고 '음식은 몸을 유지할 정도면 만족한다'라고 하는 욕망을 떠난 지혜를 가지고 음식을 먹는다.

비구들이여! 이 까사빠는 어떤 침구나 방석에도 만족한다. 그리고 어떤 약이나 필수품에도 만족하며 '침구와 방석은 추위와 더위를 막고 참선에 필요할 정도로만 만족하며 약과 필수품은 병의 고통을 없애는 정도로 만족한다'라고 하는 욕망을 떠난 지혜를 가지고 사용한다.

그러므로 이와 같이 알아야만 한다.

'우리들은 어떠한 옷에도 만족하자. 어떠한 음식, 어떠한 침구와 방석, 어떠한 약과 필수품에도 만족하자. 내지 그것은 병의 고통을 없애는 정도로 만족한다'라고 하는 욕망을 떠난 지혜를 가지고 사용한다고 알아야 한다.

비구들이여! 그대들은 이와 같이 배워야만 하리라. 나는 까사빠의 이름을 높이 알림으로써 그대들을 가르쳐 깨우치고자 하는 것이다. 어쩌면 까사빠와 똑같은 사람이 있다고 가르쳐서 깨우치고자 하는 것이다. 깨우쳐진 그대들은 까사빠처럼 실천하지 않으면 안 된다."

○ 달과 같이

세존께서 사왓띠에 계실 때의 일이다.

세존께서 비구들에게 다음과 같이 설하셨다.

"비구들이여! 그대들은 달과 같이 행동하며 집에 다가가라. 몸의 행동을 삼가고 마음의 작용을 삼가며 언제나 갓 출가한 사람처럼 겸허하라.

예를 들면 사람이 몸의 행동을 삼가고, 마음의 작용을 삼가며, 낡은 우물이나 낭떠러지 혹은 깊은 연못 속을 지그시 바라보듯이 달과 같이 몸의 행동을 삼가고, 마음의 작용을 삼가며, 언제나 갓 출가한 사람처럼 겸허하게 집에 다가가라.

비구들이여! 까사빠는 달과 같이 몸의 행동을 삼가고 마음의 작용을 삼가며 집에 다가가며 집에서는 갓 출가한 사람처럼 겸허하다.

비구들이여! 이에 대해서 어떻게 생각하는가? 비구가 집에 다가갈 때에는 어떻게 행동하는 것이 비구에게 걸맞는 일이겠는가?"

"존귀하신 스승이시여! 저희들의 법은 세존을 근원으로 하며, 세존을 지도자로 하며, 세존을 의지처로 하고 있습니다.

존귀하신 스승이시여! 이렇게 베풀어진 가르침의 의미가 세존께 명료한 것은 실로 훌륭한 일입니다. 세존의 설명을 듣고 저희 비구들은 기억하고자 합니다."

그러자 세존께서 손을 뻗어 허공에서 흔드셨다.

"비구들이여! 이 손은 공중에 고정되어 있지 않으며 붙들려 있지도 않다. 이와 마찬가지로 어떤 비구가 집에 다가가고자 할 때에 마음은 집에 고정되지 않으며 붙들려 있지도 않다.

'얻기를 바라는 사람은 얻는 것이 좋다. 복을 바라는 사람은 복을 행하는 것이 좋다'라고 그는 생각한다. 그는 자기의 이익을 기뻐하고 만족하듯이 다른 사람의 이익까지도 기뻐하고 만족한다.

비구들이여! 비구는 이와 같이 하여 집에 다가가는 것이 비구에게 걸맞다. 까사빠는 바로 이와 같이 하여 집에 다가가는 것이다.

비구들이여! 이에 대해서 어떻게 생각하는가? 즉 어떤 비구의 설법이 부정한 설법이고 어떤 설법이 맑은 설법이라고 생각하는가?"

"존귀하신 스승이시여! 저희들의 법은 세존을 근원으로 하며 세존을 지도자로 하며 세존을 의지처로 하고 있습니다.

존귀하신 스승이시여! 이렇게 베풀어진 가르침의 의미가 세존에게는 명료한 것은 실로 훌륭한 일입니다. 세존의 설명을 듣고 비구들은 기억하고자 합니다."

"그렇다면 비구들이여! 잘 듣고 곰곰이 생각해 보아라. 그대들에게 설하리라."

"그리 하겠습니다. 세존이시여!"

세존께서는 다음과 같이 이르셨다.

"비구들이여! 비구가 이런 마음을 가지고 다른 사람들에게 법을 설하고자 한다.

'오오, 실로 나의 법을 사람들에게 들려주고 싶다. 듣는다면 사람들이 기뻐해 주었으면 좋겠다. 기뻐한다면 옷 같은 보시로 기쁨을 표시했으면 좋겠다'라는 마음으로 설한다.

비구들이여! 위와 같은 비구의 설법은 부정한 설법이다.

비구가 이런 마음을 가지고 다른 사람에게 법을 설하고자 한다.

'세존께서 내게 잘 설해 주신 법은 바로 그 자리에서 과보를 불러 일으키며, 와서 보라라고 말할 만하며, 열반으로 인도하는 것이며, 지혜 있는 사람들이 각자 알지 않으면 안 되는 것이다. 오오, 실로 나의 법을 사람들에게 들려주고 싶다. 그들이 듣고 나서 법을 이해했으면 좋겠다. 이해했다면 그대로 실천했으면 좋겠다'라는 마음으로 설한다.

그는 이처럼 법이 법인 까닭에 근거하여 다른 사람들에게 법을 설한다. 비심(悲心)에 근거하여 가련한 마음에 근거하여 동정에 의해서 다른 사람들에게 법을 설한다. 이 같은 비구의 설법이 맑은 설법이다.

비구들이여! 까사빠는 이 같은 마음을 가지고 다른 사람들에게 설법을 하는 것이다. 나는 까사빠의 이름을 높이 알림으로써 그대들을 가르쳐 깨우치고자 하는 것이다. 어쩌면 까사빠와 똑같은 사람이 있다고 가르쳐 깨우치는 것이다. 깨우침을 받은 그대들은 그와 같이 실행하지 않으면 안 된다."

○ 옷(衣)

어느 때 존자 마하까사빠는 라자가하에 있는 죽림정사의 대나무숲 동산에 머물고 있었다.

그때 존자 아난다는 많은 비구들과 함께 구키나거리

땅을 유행하고 있었다. 그때 아난다 존자와 동행하고 있던 300여 명의 비구들이 수행을 버리고 환속하였다. 그리하여 남은 사람은 거의 어린아이들뿐이었다.

존자 아난다는 구키나거리 땅을 마음대로 유행한 후에 라자가하에 있는 마하까사빠 존자가 있는 곳으로 왔다. 다가와서 까사빠 존자에게 절을 하고 한쪽에 앉았다. 한쪽에 앉은 아난다 존자에게 마하까사빠는 이렇게 물었다.

"벗 아난다여! 세존께서는 몇 가지 이익 되는 일이 있기에 한 집에 세 사람까지는 함께 공양을 받을 수 있다고 하는 규칙을 정하셨는가?"

"존귀하신 까사빠여! 세 가지 이익 되는 일이 있기 때문입니다.

즉 낯 두꺼운 사람을 억제하기 위함이 첫째요, 경건한 비구들이 평온하게 머물게 하도록 하기 위함이 둘째요, 그리고 사악하고 욕심 많은 자들이 무리를 지어서 승단을 파괴하지 못하게 하기 위해서입니다. 이런 까닭에 세존께서 규칙들을 정하셨습니다.

또한 재가자들을 가엾이 여겨 적절한 음식을 보시함으로써 복을 짓도록 하셨습니다.

존귀하신 까사빠여! 이러한 세 가지 이익 되는 일이 있기 때문에 세존께서는 '한 집에 세 사람까지는 함께 보시된 음식을 받을 수 있다'라는 규칙을 정하셨던 것입니다."

"아난다여! 그렇다면 그대는 이러한 미숙한 비구들과 함께 유행하고 있는 것입니까? 그들은 감각기관의 문을 잘 지키지도 않을 뿐더러 음식에 대해서 절제가 없으며 밤의 수행에도 게으릅니다.

생각컨대 그대는 농작물을 마구 짓밟으면서 돌아다니는 것과 같습니다. 집들을 파손하면서 돌아다니고 있는 것과 같습니다.

벗 아난다여! 그대의 무리들은 모두 환속하고 남은 사람은 거의 어린아이들에 불과합니다. 또 어린아이들은 적당한 양을 알지 못합니다."

"존귀하신 까사빠여! 내 머리는 백발이 성성해 있습니다. 그런데도 존자 까사빠께서는 우리들을 어린아이라고 부르며 경멸하고 있으니 그런 호칭은 거두어 주시기 바랍니다."

"벗 아난다여! 왜냐하면 그대가 이러한 미숙한 비구들과 함께 유행하고 있기 때문입니다. 그들은 감각기관의 문을 잘 지키지도 않고 음식에 대해서 절제가 없으며 밤의 수행에도 게으르기 때문입니다.

생각컨대 그대는 농작물을 막 짓밟으면서 돌아다니고 있는 것과 같습니다. 집들을 파손하면서 돌아다니고 있는 것과 같습니다. 그대의 무리들은 점점 없어져 환속하고 남은 사람은 거의 어린 사람들에 불과합니다. 어린 사람들은 적당한 양을 알지 못합니다."

한편 투라난타 비구니는 현명한 '무니'[13]라 불리는 아난다 성자가 마하까사빠 성자로부터 어린아이라고 불리면서 힐책당했다는 소식을 전해 들었다.

그러자 투라난타 비구니는 불쾌하게 생각하면서 그런 불쾌함을 그대로 입 밖으로 표현하였다.

"마하까사빠 성자는 이전에는 다른 외도의 무리였음

에도 불구하고 어째서 현명한 성자라고 불리는 아난다 성자를 아이라고 부르면서 힐책하는 것일까?"

그러자 존자 까사빠는 그 비구니가 그런 말을 하고 있다는 소식을 전해 듣고 아난다에게 다음과 같이 말했다.

"아난다여! 분명 투라난타 비구니는 노여움에 사로잡혀 생각 없이 말을 해대고 있습니다.

벗이여! 나는 머리와 수염을 깎고 가사의를 입고 집을 나와 집 없는 사람이 되어 출가하고부터는 응공이시며, 등정각자이신 세존 이외에는 그 누구도 스승으로 인정하지 않았습니다.

벗이여! 나는 일찍이 재가자였을 때 이렇게 생각하였습니다.

'재가생활은 속박이 많고 티끌이 많은 길이다. 출가생활은 장애되는 바가 없으니 마치 대문 밖을 나선 것과도 같다. 집에 머무는 사람에게는 깨끗한 행위[梵行]를 완전히 만족스럽게 실천하고, 완전히 청정하게 실천하며, 잘 닦인 조개같이 깨끗하게 실행하기란 여간 어려운 일이 아니다. 나는 머리와 수염을 깎고 가사를 입고 집을 떠

나 출가해야 하지 않을까?'

벗이여! 그 후 나는 헝겊을 이어 가사를 만들었으며 세간의 아라한들을 따라서 수염과 머리를 깎고 가사를 입고 집을 나와 집 없는 자가 되어 출가하였습니다. 이리하여 출가한 나는 오랜 길을 걸었는데 라자가하와 나란다의 중간에 있는 파풋타 사당에 머물고 계시던 세존을 뵈었습니다. 뵙고 나서 나는 이렇게 생각하였습니다.

'스승을 만나고 싶어 했던 나는 바로 이 세존을 만나고 싶어 했던 것이다. 지복에 도달하신 분을 뵙고자 했던 나는 바로 이 세존을 뵙고 싶어했던 것이다. 등정각자를 뵙고자 했던 나는 바로 이 세존을 뵙고자 했던 것이다.'

벗이여! 나는 그 자리에서 세존의 발에 머리를 대고 경의를 표하면서 세존께 이렇게 말씀드렸습니다.

'존귀하신 분이시여! 세존은 저의 스승이십니다. 저는 성문(聲聞)[14]입니다.'

벗이여! 이렇게 말씀드렸을 때 세존께서는 나에게 이렇게 말씀하셨습니다.

'까사빠여! 이렇게 마음을 기울여 따른 성문에 대해

서 알지 못하는 것을 〈나는 알고 있다〉라고 말하는 사람, 또는 아직 보지 못한 것을 〈나는 보고 있다〉라고 말하는 사람이 있다면, 그 사람의 머리는 산산조각으로 부서지게 될 것이다. 그러나 까사빠여! 나는 알고 있는 것만을 〈나는 알고 있다〉라고 말하고, 보고 있는 것만을 〈나는 보고 있다〉라고 말한다. 그런 까닭에 까사빠여! 그대는 여기에서 이와 같이 배우지 않으면 안 된다.

즉 〈장로, 갓 들어온 수행자, 중견의 수행자들에 대해서 위대한 부끄러움을 일으켜야만 한다〉라고.

까사빠여! 그대는 이와 같이 수행하지 않으면 안 된다. 또 그런 까닭에 그대는 여기에서 이렇게 수행하지 않으면 안 된다.

즉 〈선에 근거한 그 어떠한 법을 듣고서라도 나는 그 모든 것을 받아들이고 마음으로 그것을 관찰하고, 마음을 기울여서 주의를 하고, 귀를 기울여 법을 들으리라〉라고.

까사빠여! 그대는 이와 같이 수행하지 않으면 안 된다. 그런 까닭에 까사빠여! 그대는 여기에서 이와 같이 수행하지 않으면 안 된다.

즉 〈기쁨을 수반한, 몸에 관한 나의 배려는 버려지는 일은 없으리라〉라고. 까사빠여! 그대는 이와 같이 수행하지 않으면 안 된다.'라고 말씀하셨다.

한편 벗이여! 세존께서는 이러한 교계로써 나를 가르치신 후에 자리에서 일어나 떠나가셨다.

벗이여! 나는 그로부터 이레 동안 번뇌에 휩싸인 채 그 나라의 신도가 주는 음식을 받았다. 여드레째에 지혜가 생겼다.

벗이여! 그 무렵 세존께서는 길에서 떨어진 어떤 한 그루의 나무 아래에 다가가셨다.

그러자 나는 헝겊을 잘라 만든 나의 가사를 네 겹으로 접어서 세존께 이렇게 말씀드렸다.

'존귀하신 분이시여! 세존께서는 여기에 앉아 주시기 바랍니다. 오랜 기간에 걸쳐서 저에게 이익이 있으며 즐거움이 있도록 말입니다.'

벗이여! 내가 마련한 자리에 앉으신 세존께서는 이렇게 말씀하셨습니다.

'까사빠여! 헝겊을 잘라서 만든 그대의 가사는 부드럽구나.'

'존귀하신 분이시여! 헝겊을 잘라서 만든 저의 가사를 세존께서는 부디 연민을 일으켜서 받아 주소서.'

'그렇다면 까사빠여! 그대는 조잡하고 버려져 있던 헝겊으로 만든 나의 분소의[15]를 받겠는가?'

'존귀하신 분이시여! 저는 세존의 조잡하고 버려져 있던 헝겊으로 만든 분소의를 입겠습니다.'

벗이여! 헝겊을 이어 만든 가사를 세존께 드리고, 나는 세존의 조잡하고 버려져 있던 헝겊으로 만든 분소의를 입었습니다.

벗이여! 만약 어떤 사람이 올바르게 말하고자 하여, 어떤 이를 '그는 세존의 적자이며, 세존의 입에서 태어났으며 법에서 태어났으며 법의 변현이요, 법의 상속자이다. 그는 세존의 분소의를 얻었다'라고 말한다고 한다면, 그는 바로 나를 가리켜서 세존의 적자라고 말해야 옳을 것이다.

벗이여! 나는 바라는 대로 모든 사악한 것을 떠나 거

칠고 세밀한 사색을 갖춘, 또 악을 떠남에서 생기는 기쁨과 즐거움을 갖춘 첫 번째 선에 들었다.

벗이여! 나는 바라는 대로 차례로 단계를 밟아 진행되어 가는 아홉 가지의 선정[16]과 다섯 가지의 신통력을 얻었다.

벗이여! 나는 번뇌를 모두 다하였고 마음의 해탈과 지혜의 해탈을 현세에서 스스로 환히 알고 체현하고 도달하였다.

벗이여! 설령 7주나 7주 반이나 되는 코끼리를, 타라나무 잎 한 장으로 덮을 수 있다고 생각하는 사람이라도, 나의 여섯 가지 신통을 가릴 수가 있다고 생각하겠는가?"

한편 투라난타 비구니는 맑은 수행에서 탈락하였다.

8

—

바칼리를 가르치다

○ **참다움을 보라**

이와 같이 나는 들었다.

어느 때 세존께서는 라자가하에 있는 베루바나의 칼란다카니바파에 머물고 계셨다. 그런데 마침 그때 바칼리 존자는 도예가의 집에서 병을 앓고 있었는데 매우 중태였으므로 고통을 이기지 못하고 있었다. 그때 바칼리 존자는 간호하던 비구들에게 말하였다.

"벗이여! 그대들은 나를 위하여 세존이 계신 곳으로

가서 여쭤 주기 바라오.

세존께 나를 대신하여 '존귀하신 스승이시여! 비구 바칼리는 병을 앓고 있는데 매우 중태이므로 고통을 이기지 못하고 있습니다. 저 바칼리는 세존의 발에 머리를 조아려서 절을 올립니다'라고 말씀을 전해 주면서 세존께 대신 예를 올려 주기 바라오.

그리고 '존귀하신 스승이시여! 부디 세존께서는 측은한 마음으로 비구 바칼리의 병석을 한 번 다녀가 주시지 않으시렵니까?' 하고 여쭈어 주기 바라오."

'그리 하겠습니다'라고 대답한 후에 비구들은 바칼리 존자의 부탁을 받고 세존을 찾아가 그대로 절을 올리면서 말씀을 전하였다.

비구들의 전언을 들은 세존께서는 침묵으로써 승낙을 표하였다. 그리하여 세존께서는 옷을 입으시고 가사와 발우를 들고 바칼리 존자가 있는 곳을 찾아가셨다.

바칼리 존자는 멀리서부터 세존께서 오시는 것을 보고 침대에서 일어나려고 하였다.

그때 세존께서는 바칼리 존자에게 말씀하셨다.

"그대로 있으라. 바칼리여! 그대는 침대에서 일어나지 않아도 좋다. 여기에 자리가 마련되어 있으니 나는 이곳에 앉으리라."

그러고 나서 바칼리 존자에게 물으셨다.

"바칼리여! 그대는 견딜 만한가? 기력은 어떠한가? 혹괴로움이 줄어들고 통증이 없어지지는 않는지…. 이제 완전히 완쾌하여 더 이상 아프지 않는 것처럼 보인다."

"존귀하신 스승이시여! 저는 견딜 수 없습니다. 기력은 하나도 없습니다. 격렬한 고통은 더 심해져가고 좀처럼 나아지지 않습니다."

"바칼리여! 뭔가 미련이 남는 일은 없는가? 뭔가 후회스러운 일은 없는가?"

"존귀하신 스승이시여! 분명 제게는 미련이 남는 일이 많습니다. 후회스러운 일도 많습니다."

"하지만 그대에게는 계율에 비추어 양심의 가책을 느낄 일은 없을 것이다."

"존귀하신 스승이시여! 그렇습니다. 제게는 계율에 비추어 양심의 가책을 느낄 일은 없습니다."

"바칼리여! 진실로 계율에 비추어 양심의 가책을 느낄 일이 없다고 한다면 대체 어떤 미련이 남아 있고 어떤 후회가 남아 있다는 말인가?"

"존귀하신 스승이시여! 저는 오랜 동안 세존을 직접 뵙고 싶어 찾아다니기를 원하였습니다. 하지만 이제 제 몸에는 세존을 직접 찾아다닐 힘이 남아 있지 않습니다."

"바칼리여! 멈추어라. 그대가 이런 사라져 가야 할 몸을 보았다 한들 대체 그것이 뭐란 말인가?

바칼리여! 사물의 참다움을 보는 자는 나를 보고, 나를 보는 자는 사물의 참다움을 본다.

왜냐하면 바칼리여! 사물의 참다움을 현재 보고 있는 자는 나를 보고 있으며 나를 현재 보고 있는 자는 사물의 참다움을 보고 있기 때문이다.

바칼리여! 그대는 이것을 어떻게 생각하는가? 물질[色]은 항상한가, 덧없는가?"

"존귀하신 스승이시여! 덧없습니다."

"느낌[受]·생각[想]·결합[行]·식별[識]은 항상한가, 덧없는가?"

"스승이시여! 덧없습니다."

"따라서 바칼리여! 가르침을 많이 들은 성자의 제자는 이렇게 덧없다고 보아서 물질을 싫어하여 떠나며, 느낌과 생각과 결합과 식별도 싫어하여 떠난다. 싫어하여 떠남으로써 탐욕을 떠난다. 탐욕을 떠남으로써 해탈한다. 해탈하였을 때 '해탈하였다' 하는 앎이 생기며 '삶의 의미는 완성돼 있다. 맑은 수행의 성취로 할 일을 마쳤다. 더 이상 괴로움에 빠지지 않는다'라고 아는 것이다."

세존께서는 바칼리 존자를 이렇게 교화하고 모두 가르친 후에 자리에서 일어나 영취산으로 향하였다. 세존께서 떠나가시자마자 바칼리 존자가 비구들에게 알렸다.

"벗이여! 나를 들것에 실어서 선인흑석굴로 데려다 주시오. 어찌 나 같은 자가 집 안에서 임종을 맞을 수 있으리."

"그리 하겠습니다."

비구들은 바칼리 존자를 들것에 실어서 선인흑석굴로

데려다 주었다. 그때 세존께서는 그날 오후와 밤을 영취산에서 보내셨다.

한편 그 밤이 지나 새벽녘에 더할 수 없이 아름다운 천신 둘이 영취산 전체를 환히 비추면서 세존이 계신 곳으로 다가왔다. 세존께 절을 하고 한편에 서자 천신 가운데 하나가 이렇게 여쭈었다.

"존귀하신 스승이시여! 바칼리 비구는 해탈하고 싶다고 소원하고 있습니다."

또 한 명의 천신도 세존께 이렇게 여쭈었다.

"존귀하신 스승이시여! 그는 반드시 해탈할 것입니다."

두 명의 천신이 이렇게 말하였다. 그렇게 말하고 나서 그들은 세존을 오른쪽으로 돌고 나서 그 자리에서 사라졌다. 세존께서는 그날 밤이 지나고 아침이 오자 비구들에게 이렇게 이르셨다.

"비구들이여! 그대들은 어서 바칼리 비구가 있는 곳으로 달려가라. 가서 바칼리 비구에게 이렇게 전하라.

'벗이여! 세존과 두 명의 천신의 말을 들어보시오. 지난밤, 새벽녘에 지극히 아름다운 두 명의 천신이 영취산

　　　　　　　　　　　　8. 바칼리를 가르치다

을 환히 비추면서 세존을 찾아와 그대가 해탈을 소원하고 있으며, 그대는 반드시 해탈할 것이라고 말씀드리고 떠나갔소.

벗이여! 세존께서도 그대에게 〈바칼리여! 두려워하지 말라. 그대의 죽음은 나쁘지 않으리라. 그대의 임종은 나쁘지 않으리라〉라고 말씀하셨소'라고 전하라."

"존귀하신 스승이시여! 그리 하겠습니다."

비구들은 세존의 명을 받고 바칼리 존자가 있는 곳으로 달려갔다. 그리하여 세존의 말씀과 천신의 이야기를 들려 주려 하였다. 그러자 바칼리 존자는 간호하는 비구에게 이렇게 말하였다.

"벗이여! 나를 침대에서 내려 주시오. 나 같은 자가 어떻게 높은 곳에 앉은 채 세존의 가르침을 들을 수 있겠습니까?"

간호하는 비구의 부축을 받아서 침대에서 내려온 바칼리 비구는 세존의 명을 받고 달려온 비구들을 통해 세존과 천신의 이야기를 전해 들었다.

다 듣고 난 그는 비구들에게 이렇게 말하였다.

"벗이여! 그렇다면 나를 대신하여 세존을 찾아뵙고 이렇게 전해 주시오. '존귀하신 스승이시여! 비구 바칼리는 병에 걸려 중태입니다. 고통에 몸부림을 치며 병은 더 나아지지 않습니다. 그런 바칼리가 세존의 두 발에 머리를 대고 절을 올립니다.'

이렇게 대신 인사를 올린 후에 또 이런 말을 전해 주시오.

'존귀하신 스승이시여! 저는 물질이 덧없다는 사실을 의심하지 않습니다. 덧없는 것은 괴롭다는 사실에 의혹이 없습니다. 덧없으며 괴로움이며 변하는 성질을 가진 것에 대해서 저에게는 욕망이나 탐욕이나 애착이 없다는 것을 확신하고 있습니다.

존귀하신 스승이시여! 느낌과 생각과 결합과 식별이 덧없다는 사실을 의심하지 않습니다. 덧없는 것은 괴롭다는 사실에 의혹이 없습니다. 덧없으며 괴로움이며 변하는 성질을 가진 것에 대해서 제게는 욕망이나 탐욕이나 애착이 없다는 것을 확신하고 있습니다'라고 세존께 전해 주시기 바라오."

"그리 하겠습니다. 벗이여!"

저 비구들은 바칼리 존자에게 답하고 나서 귀로에 올랐다. 한편 저 비구들이 떠나가자마자 바칼리 존자는 날카로운 칼을 꺼내 들었다. 그 비구들은 세존께서 계신 곳으로 돌아와 한편에 앉았다. 그들은 세존께 여쭈었다.

"존귀하신 스승이시여! 비구 바칼리는 병에 걸려 중태입니다. 그는 세존의 두 발에 머리를 대고 절을 올리면서 저희들에게 자신을 대신하여 이렇게 여쭙기를 부탁하였습니다."

비구들은 바칼리 존자의 말을 한 마디도 남김없이 세존께 말씀드렸다.

그때 세존께서는 비구들에게 이르셨다.

"비구들이여! 우리 함께 선인흑석굴에 가자. 그곳에서 바칼리가 날카로운 칼을 꺼내 들고 있다."

"존귀하신 스승이시여! 그리 하겠습니다."

그리하여 세존은 수많은 비구들과 함께 선인흑석굴로 향하셨다. 세존께서는 아주 멀리 떨어진 곳에서 침대 위에서 허리를 구부리고 누워 있는 바칼리를 보셨다. 마침 그때 연기 같은 자욱한 검은 구름이 동쪽에서 서쪽으로 그리고 남쪽과 북쪽에서 불어오고 위로 오르고 아래로 내려오고 사방 가득히 움직이며 빙빙 돌고 있었다.

그러자 세존께서는 비구들에게 이르셨다.

"비구들이여! 그대들은 사방에 가득히 차서 움직이고 있는 검은 구름이 보이는가?"

"그렇습니다. 세존이시여!"

"비구들이여! 이것은 악마 파피야스[17]가 바칼리의 혼이 어디 있는지 찾아다니고 있는 것이다. 그러나 비구들이여! 바칼리는 그 혼이 어디에도 머무르지 않고 완전한 열반에 들었다."

8. 바칼리를 가르치다

9

—

비구니와 악마의 대화

○ 아라비카 비구니

이와 같이 나는 들었다.

어느 때 세존께서는 사왓띠의 교외에 있는 기원정사에 머물고 계셨다.

그때 아라비카 비구니는 아침에 옷을 입고 가사와 발우를 들고 걸식을 하러 사왓띠에 들어갔다. 사왓띠 시내를 다니면서 식사를 마친 뒤에, 걸식에서 돌아와 세상의 소음으로부터 멀리 떨어지기를 소원하여, 안다 숲 쪽으로 걸어갔다.

그러자 악마 파피야스는 아라비카 비구니에게 온 몸의 털이 곤두설 정도로 겁을 주어서, 세상의 소음으로부터 멀리 떨어지려는 생각을 버리게 하고자 비구니가 있는 곳으로 다가갔다. 그리하여 아라비카 비구니에게 이런 시구로 말을 걸었다.

인간 세상에 영원한 벗어남이란 없다.
소음으로부터 멀리 벗어나 무엇을 구하고자 하는가?
애욕의 즐거움을 누리라.
다음에 후회하는 사람이 되지 말라.

그러자 아라비카 비구니는 이런 생각을 하였다.
'시구를 노래하고 있는 자는 사람인가, 사람 아닌 어떤 것인가? 이것은 내 몸이 털이 곤두설 정도로 겁을 주어서, 세상의 소음으로부터 멀리 떨어지려는 생각을 버리게 하고자 하여, 악마 파피야스가 시구를 설하고 있는 것이다.'

9. 비구니와 악마의 대화

아라비카 비구니는 이 자가 악마임을 알아차리고 악마 파피야스에게 시구로써 답하였다.

인간의 세상에 벗어남은 있다.
나는 지혜에 의해서 충분히 그것에 도달하였다.
게으른 자의 혈육인 파피야스여!
그대는 그 길을 알지 못한다.

애욕은 칼이나 창과 같으며
오온(五蘊)[18]은 그 단두대이다.
그대가 애욕의 즐거움이라 부르는 것은
내게 있어 혐오에 불과한 것일 뿐이다.

그러자 악마 파피야스는 아라비카 비구니가 자신을 알아차리자 괴로움에 몸을 떨다가 그 자리에서 사라져 버렸다.

○ 소마 비구니

사왓띠에서의 이야기이다.

어느 날 소마 비구니는 이른 아침에 옷을 입고 가사와 발우를 들고 걸식을 하러 사왓띠에 들어갔다.

사왓띠 시내에서 걸식을 마친 후에 돌아와서 낮 동안의 폭염을 피하고 휴식을 취하려고 안다 숲 있는 곳으로 갔다. 그 숲으로 들어간 소마 비구니는 어떤 나무 아래에 앉았다.

그때 악마 파피야스는 소마 비구니에게, 온 몸의 털이 곤두서도록 겁을 주어서 그 삼매를 저버리게 하고자, 소마 비구니가 있는 곳으로 다가갔다. 다가가서 소마 비구니에게 시구로써 말을 걸었다.

성자들이 도달한 경지는 쉽지 않다.
손가락 두 개의 지혜밖에 갖지 못한 여인들은
그곳에 도달할 수가 없다.

그러자 소마 비구니는 이런 생각이 떠올랐다.

'시구를 노래하고 있는 자는 사람인가, 사람 아닌 어떤 것일까?'

마침내 소마 비구니는 그가 사람이 아니라 자신에게 겁을 주어서 삼매를 즐기려는 마음을 달아나게 하려는 악마 파피야스임을 알아차리고 그에게 시구로써 이렇게 답하였다.

그 사람의 마음이 삼매에 잘 들며
지혜의 힘이 작용하고 있다면
올바른 법을 볼 터인데
여인이라는 것이 그 어떤 장애가 된다는 말인가?

악마가 말 걸기에 적당한 상대는
'나는 여자다, 나는 남자다.
또는 나는 어떤 자이다'라고
염려하고 고민하는 사람이다.

그러자 악마 파피야스는 소마 비구니가 자신을 알아차렸음에 괴로워하다가 그 자리에서 사라져 보이지 않았다.

○ 고따미 비구니

사왓띠에서의 일이다.

어느 날 끼사고따미 비구니는 아침에 옷을 입고 가사와 발우를 들고 탁발을 하러 사왓띠 시내로 들어갔다.

사왓띠 시내에서 걸식을 마치고 돌아와서 끼사고따미 비구니는 한낮의 폭염을 피하고 휴식을 취하고자 안다 숲 있는 곳으로 다가갔다. 숲에 들어가서 어떤 나무 아래에 앉아서 낮 동안의 휴식을 취하였다.

그때 악마 파피야스는 끼사고따미 비구니에게 온 몸의 털이 곤두서도록 겁을 주어서 그 삼매를 저버리게 하고자, 그 비구니가 있는 곳으로 다가가서 시구로써 말을 건넸다.

　　　　　　　　　　　9. 비구니와 악마의 대화

예전에는 어린 자식이 죽어서

한 달 동안을 눈물에 젖어 지내던 그대가

지금 홀로 숲에 들어와 있는 것은

남자를 유혹하기 위함이 아닌가?

그때 끼사고따미 비구니는 이 노래를 부르고 있는 자가 사람인지, 사람이 아닌 어떤 것인지를 곰곰 생각하다가 자신의 삼매를 방해하려고 찾아온 악마 파피야스임을 알아차리고 시구로써 답하였다.

내가 어린 자식을 잃은 것은 아주 오래 전의 일

남자란 어차피 아이를 갖게끔 해 주는 사람

이제 나에게 자식을 바라는 마음은 없어졌다.

자식을 잃었다는 것을 나는 더 이상 슬퍼하지 않는다.

나는 울지 않는다.

벗이여! 나는 아무것도 두려워하지 않는다.

모든 것에 대한 쾌락은 사라졌다.

어둠의 덩어리를 부수고

죽음의 신의 세력 좋은 군대를 쳐부수어

나는 번뇌가 없이 살아간다.

그러자 악마 파피야스는 끼사고따미 비구니가 자신을
알아차렸음을 느끼고 괴로움에 몸을 떨다가 그 자리에
서 사라졌다.

○ 비쟈야 비구니

사왓띠에서의 일이다.

어느 날 비쟈야 비구니는 이른 아침에 옷을 입고 가사
와 발우를 들고 걸식을 하러 사왓띠로 들어갔다.

사왓띠 시내에서 걸식을 마치고 돌아와 한낮의 폭염
을 피하고 휴식을 취하고자 안다 숲 있는 곳으로 들어
가, 어떤 나무 아래에 앉아서 낮 동안의 휴식을 취하였
다.

그때 악마 파피야스는 비쟈야 비구니에게 겁을 주어

서 삼매를 저버리게 하고자 그 비구니가 있는 곳으로 다가가서 시구로써 말을 건넸다.

그대는 젊고 아름답다.
나도 젊은 청년이다.
자, 그대여, 이리 오라.
다섯 가지 악기로 즐기지 않으려는가!

그때 비쟈야 비구니는 이 노래를 부르고 있는 자가 누구인지 생각하다가 자신의 삼매를 방해하려고 찾아온 악마 파피야스임을 알아차리고 시구로써 답하였다.

마음을 즐겁게 해 주는
색과 소리와 냄새와 맛의 촉감을
나는 그대에게 양보하노라.

악마여! 내게 그것은 필요치 않다.
부서지기 쉬운 이 더럽기 그지없는 몸뚱이를

나는 싫어하고 수치스럽게 여긴다.

애욕을 향한 욕망은 제거되었다.

색계에 속한 중생이건

무색계에 머무는 자들이건

고요한 삼매이건

그 모든 것에 대하여

내 마음의 어둠은 사라졌다.

그러자 악마 파피야스는 비쟈야 비구니가 자신을 알아차렸음을 느끼고 괴로움에 몸을 떨다가 그 자리에서 사라졌다.

○ 우빨라와나 비구니

사왓띠에서의 일이다.

어느 날 우빨라와나 비구니는 이른 아침에 걸식을 하러 사왓띠에 들어갔다.

걸식이 끝난 후 한낮의 폭염을 피하고 휴식을 취하고

자 안다 숲으로 들어가서 꽃들이 만발한 사라나무 아래에 앉았다.

그때 악마 파피야스는 우빨라와나 비구니에게 겁을 주어서 삼매를 저버리게 하고자 이 비구니가 있는 곳으로 다가가서 시구로써 말을 건넸다.

꽃이 만발한 사라나무 가까이
비구니여! 그대는 홀로 나무 아래에 있구나.
그대의 아름다움에 버금가는 것은 없다.
어리석은 여인이여!
그대는 흉악한 사내들을 두려워하지 않는 것인가?

그때 비쟈야 비구니는 이 노래를 부르고 있는 자가 악마 파피야스임을 알아차리고 시구로써 답하였다.

그대 같은 흉악한 자들이 수천 명 이곳으로 온다 해도
나는 털끝 하나 동요하지 않는다.
나는 두렵지 않다.

악마여! 나는 홀로 있어도 그대가 두렵지 않다.
악마 파피야스가 말했다.

나는 이곳에서 모습을 감추리라.
어쩌면 그대의 뱃속에 들어갈지도 모르고
또 미간에 설지도 모른다.
이런 나를 그대는 볼 수 없으리.

비쟈야 비구니가 답하였다.

마음이 자재롭게 되었을 때
네 가지의 여의족(如意足)[19]은 잘 실천되었고
마음이 모든 번뇌의 속박으로부터 해방되었을 때
벗이여! 나는 그대를 두려워하지 않노라.

그러자 악마 파피야스는 비쟈야 비구니가 자신을 알
아차렸음을 느끼고 괴로움에 몸을 떨다가 그 자리에서
사라졌다.

9. 비구니와 악마의 대화

10

—

독화살의 비유
(마룽끼야經)

이와 같이 나는 들었다.

어느 때 세존께서는 사왓띠(사위성)의 기원정사에 계셨다. 그때 마룽끼야뿟따 존자는 홀로 고요한 곳에 앉아 다음과 같이 생각하였다.

'세존께서는 다음과 같은 문제들에 관해서는 말씀해 주시지 않는다.

우주는 영원한가? 영원하지 않은가? 우주는 끝이 있는가? 끝이 없는가? 영혼은 육체와 같은가? 육체와 다른가? 여래는 사후(死後)에도 존재하는가? 존재하지 않는가? 여래는 사후에 존재하기도 하며 존재하지 않는 것도 아닌가?

나는 이러한 문제에 관해서 답변해 주시지 않는 세존의 태도가 불만스럽기만 하다.

부처님 계신 곳에 가서 이와 같은 질문을 여쭙기로 하자. 만약 세존께서 나를 위해 이 의문에 답변해 주신다면 머물러 수행을 계속하겠지만 만약 답변해 주시지 않는다면 세존께 인사를 여쭙고 떠나야겠다.'

마룽끼야뿟따는 해가 질 무렵 자리에서 일어나 세존이 계신 곳으로 갔다. 그리고 세존께 예배 드리고 다음과 같이 여쭈었다.

"세존이시여! 제가 홀로 선정에 들어있을 때 우주는 영원한가? 영원하지 않은가? 우주는 끝이 있는가? 없는가? 영혼은 육체와 같은가? 육체와 다른가? 여래는 사후에도 존재하는가? 존재하지 않는가? 여래는 사후에 존재하기도 하며 존재하지 않는 것도 아닌가?라는 의문이 떠올랐습니다.

그러나 세존께서는 이런 의문에 한 번도 답변해 주시

　　　　　　　　　　　10. 독화살의 비유

지 않았습니다. 저는 세존께 이러한 것을 묻고 싶습니다. 만약 세존께서 저의 이러한 의문에 답변해 주신다면 저는 세존의 가르침 안에 머물며 거룩한 삶을 따를 것입니다.

여래께서 우주가 영원한 것인지 영원하지 않은 것인지, 영혼과 육체는 같은 것인지 다른 것인지, 여래는 사후에 존재하는 것인지 존재하지 않는 것인지, 알고 계신다면 그것을 저에게 말씀해 주십시오.

세존께서 알지 못하신다면 '나는 알지 못한다'라고 말씀해 주십시오."

세존께서 마룽끼야뿟따에게 말씀하셨다.

"마룽끼야뿟따여, 내가 일찍이 그대에게 '마룽끼야뿟따여, 어서 오너라. 나와 함께 청정한 행을 닦음이 좋으리라. 그러면 나는 그대에게 우주는 영원한지 영원하지 않은지, 영혼과 육체는 같은 것인지 다른 것인지, 여래는 사후에 존재하는지 존재하지 않는 것인지, 존재하는 것도 존재하지 않는 것도 아닌지에 대하여 분명히 말해 주리라'라고 말했던 적이 있는가?"

"아닙니다. 세존이시여! 그와 같은 일은 없었습니다."

세존께서 말씀하셨다.

"마룽끼야뿟따여, 또 그대는 일찍이 내게 다음과 같이 말한 적이 있는가?

'세존이시여! 저는 세존의 가르침을 따라서 청정한 행을 닦고자 합니다. 그러하오니 저에게 우주는 영원한지 영원하지 않은지, 영혼과 육체는 같은 것인지 다른 것인지, 여래는 사후에 존재하는 것인지 존재하지 않는 것인지, 존재하는 것도 존재하지 않는 것도 아닌지 분명히 말씀해 주소서'라고 말한 적이 있는가?"

"아닙니다. 세존이시여! 그와 같이 말씀하신 적은 없습니다."

"마룽끼야뿟따여, 그대는 어리석도다. 나는 그와 같은 문제에 대해서 그대에게 말한 적이 없고, 그대 또한 나에게 말한 적이 없는데 그대는 부질없는 번뇌로 스스로를 괴롭히고 여래를 비방하려 하는구나."

마룽끼야뿟따는 세존의 말씀을 듣고 아무 말도 할 수 없었으나 의문은 가시지 않았다.

10. 독화살의 비유

세존께서는 마룽끼야뿟따에게 다시 말씀하셨다.

"마룽끼야뿟따여, 어떤 어리석은 사람이 '만약 부처님께서 나를 위해 우주는 영원한가 영원하지 않은가, 영혼과 육체는 같은 것인지 다른 것인지, 여래는 사후에도 존재하는 것인지 존재하지 않는 것인지, 존재하는 것도 존재하지 않는 것도 아닌지에 대해서 분명히 말씀해 주시지 않는다면 나는 세존의 가르침을 따라 수행하지 않겠다'라고 생각한다면, 그는 그 의문을 풀지도 못한 채 도중에서 목숨을 마치고 말 것이다.

예를 들어 어떤 사람이 독 묻은 화살을 맞아 견디기 어려운 고통을 겪을 때 친족들이 빨리 의사를 부르려고 하였다. 그러나 화살을 맞은 사람이 '아직 이 화살을 뽑아서는 안 됩니다. 나는 먼저 화살을 쏜 사람이 크샤트리야인지, 바라문인지, 바이샤인지, 수드라인지, 또 그 이름과 성은 무엇인지, 그의 키가 큰지 작은지 중간 정도인지, 그의 얼굴색이 하얀지 검은지, 어떤 마을에서 왔는지 먼저 알아야겠습니다.

또한 내가 맞은 화살이 어떤 종류의 것인지 알아야

화살을 뽑을 것입니다. 뿐만 아니라 어떤 새의 깃으로 장식된 화살인지, 화살 끝에 묻힌 독은 어떤 종류의 독인지 알아야 화살을 뽑을 것입니다'라고 말한다면 그 사람은 이러한 사실을 알기도 전에 죽고 말 것이다.

마룽끼야뿟따여, 우주가 영원하다는 확실한 견해가 있어야만 청정한 수행을 닦겠다고 생각하는 것은 바르지 않다. 또 우주가 무상하다는 견해가 있어야만 청정한 수행을 닦겠다고 생각하는 것도 바르지 않다. 우주가 영원하거나 무상하더라도, 사람에게는 생로병사와 근심과 번뇌가 있다. 그러므로 여래는 '이것은 괴로움이다[苦]. 괴로움은 모여서 생기는 것이다[集]. 괴로움은 반드시 없어진다[滅]. 그것이 길이다[道]'를 설하여 중생을 해탈에 이르게 한다.

마룽끼야뿟따여, 영혼과 육체는 같은 것인지 다른 것인지 분명히 알아야만 청정한 수행을 닦겠다는 생각은 바르지 않다.

영혼과 육체가 다르거나 같더라도, 사람에게는 생로병사와 근심과 번뇌가 있다. 그러므로 여래는 '이것은 괴로

　　　　　　　　　　　　　　　10. 독화살의 비유

움이다. 괴로움은 모여서 생기는 것이다. 괴로움은 반드시 없어진다. 그것이 길이다'를 설하여 중생을 해탈에 이르게 한다.

마룽끼야뿟따여, 여래는 사후에 존재하는가 존재하지 않는가, 존재하는 것도 존재하지 않는 것도 아닌가를 분명히 알아야만 청정한 수행을 닦겠다는 생각은 바르지 않다. 그러므로 여래는 '이것은 괴로움이다. 괴로움은 모여서 생기는 것이다. 괴로움은 반드시 없어진다. 그것이 길이다'를 설하여 중생을 해탈에 이르게 한다.

또한 마룽끼야뿟따여, 여래는 우주가 영원하다거나 무상하다거나, 영혼과 육체가 동일하다거나 다르다거나, 여래는 사후에 존재한다거나 존재하지 않는다거나, 존재하는 것도 존재하지 않는 것도 아니라고 단정적으로 말하지 않는다.

왜냐하면 그와 같은 의문은 도리와 법에 맞지 않으며 청정한 수행도 아니며, 깨달음으로 나아가는 길도 아니며 열반의 길도 아니기 때문이다.

그렇다면 여래가 한결같이 설하는 법은 무엇인가. 그

것은 여래는 '이것은 괴로움이다. 괴로움은 모여서 생기는 것이다. 괴로움은 반드시 없어진다. 그것이 길이다'라는 가르침이다.

그것은 도리와 법에 맞으며, 청정한 수행의 길이며 깨달음과 성스러운 열반에 이르는 길이기 때문이다. 그대는 이와 같이 깨닫고 배워야만 한다."

세존께서 이와 같이 말씀하셨을 때 마룽끼야뿟따와 여러 제자들은 기뻐하며 그 가르침을 받들어 실천했다.

11

—

바른 길과 삿된 길
(大四十經)

○ 성스럽고 바른 정신통일

이와 같이 나는 들었다.

어느 때 세존께서 사왓띠의 기원정사에 머물고 계셨다.

"비구들이여! 나는 그대들에게 조건[20]을 구비하고 요건[21]을 갖춘, 성스럽고 바른 정신통일을 교시하리라. 그것을 듣고 잘 생각하여라. 나는 설하리라."

"세존이시여! 명심하겠습니다."

비구들은 세존께 대답하였다.

세존께서는 다음과 같이 설하셨다.

"비구들이여! 그럼 조건을 구비하고 요건을 갖춘, 성스럽고 바른 정신통일이란 무엇이겠는가?

비구들이여, 바른 견해·바른 사유(思惟)·바른 말·바른 행동·바른 생활·바른 노력·바른 사념의 항목이 있다.

만약 마음을 한 곳에 집중시키는 자가 이것을 구비한다면, 이것이 조건을 구비한 성스럽고 바른 정신통일임과 동시에 요건을 갖춘 성스럽고 바른 정신통일이라고 말할 수 있다.

○ 바른 견해

비구들이여! 이때 바른 견해는 다른 것보다 중요하다. 어째서 바른 견해는 중요한 것인가?

삿된 견해는 삿된 견해라 알고, 바른 견해는 바른 견해라 아는 사람에게는 이 바른 견해가 있는 것이다.

비구들이여! 삿된 견해가 무엇인가? 보시(布施)·제사

·공양물은 무의미하여, 선행·악행의 결과나 과보 따위
는 없다. 이 세상은 존재하지 않고, 저 세상도 존재하지
않는다. 어머니도 없고 아버지도 없다. 또 화생(化生)[22]의
생명체도 존재하지 않는다.

그리고 최고의 경지에 도달하고 바르게 실천하며, 이
세상이나 저 세상을 스스로 밝히고 깨달았으며, 그것을
실천하려는 사문·바라문들도 이 세간에 존재하지 않는
다. 이것이 삿된 견해이다.

비구들이여! 그렇다면 바른 견해란 무엇이겠는가? 나
는 바른 견해에 두 가지가 있다고 설한다. 유루(有漏)의
바른 견해와 무루(無漏)의 바른 견해가 그것이다.

유루의 바른 견해는 부분적으로 복덕을 지니며 과보
로써 몸이라는 제약을 초래하지만 무루의 바른 견해는
성스럽고 티끌이 없어 세간을 초월한 길이다.

비구들이여! 그렇다면 아직 더러움이 존재하는 유루
의 바른 견해란 무엇이겠는가? 보시(布施)·제사·공양물
은 의미 있으며, 선행·악행의 결과나 과보는 있다. 이 세
상은 존재하고 저 세상도 존재한다. 어머니도 있고 아버

지도 있다. 또 화생의 생명체도 존재한다. 그리고 최고의 경지에 도달하고 바르게 실천하며, 이 세상이나 저 세상을 스스로 밝히고 깨달았으며, 그것을 설시하려는 사문·바라문들도 이 세간에 존재한다.

비구들이여! 이것이 바른 견해이다.

또 비구들이여! 그렇다면 더러움이 없는 무루의 바른 견해란 무엇이겠는가. 성스러운 마음·더럽지 않은 마음을 갖고 성스러운 길을 몸에 익히며, 성스러운 길을 닦고 있는 사람들에게 나타나는 지혜, 지혜의 능력, 지혜의 힘, 깨달음의 요건인 법을 바르게 분별하고 판단하는 지혜[擇法覺支]23) 길(道)이 부분이 되는 바른 견해, 이것이 무루의 바른 견해이다.

삿된 견해를 버리기 위해, 바른 견해를 체득하기 위해 노력하는 사람에게는 바른 노력이 있다. 그가 바르게 마음을 두루 미치게 하고 삿된 견해를 버리며, 바른 견해를 체득하여 살아간다면, 그에게는 바른 사념(思念)이 있다.

이와 같이 그에게는 이러한 세 가지가 바른 견해에 따라 함께 생하고 함께 전개한다. 즉 바른 견해·바른 노력

·바른 사념이다.

○ 바른 사유

비구들이여! 그 경우 바른 견해는 무엇보다도 중요하다. 비구들이여! 어째서 바른 견해가 중요한 것인가?

삿된 사유는 삿된 사유라 알고, 바른 사유는 바른 사유라 아는 사람에게는 이 바른 견해가 있다.

그럼 삿된 사유란 무엇이겠는가? 애욕의 사유·증오의 사유·상해(傷害)의 사유, 이것이 삿된 사유이다.

그럼 바른 사유란 무엇이겠는가? 나는 바른 사유에는 두 가지가 있다고 설한다. 유루의 바른 사유와 무루의 바른 사유가 그것이다. 유루의 바른 사유는 부분적으로 복덕을 지니며 과보로써 몸이라는 제약을 초래하지만, 무루의 바른 사유는 성스럽고 티끌이 없어 세간을 초월한 길이다.

그렇다면 유루의 바른 사유란 무엇이겠는가? 탈속하려는 사유·증오하지 않는 사유·해치지 않는 사유이다.

그렇다면 무루의 바른 사유란 무엇이겠는가? 성스러운 마음·더럽지 않은 마음을 갖고 성스러운 길을 몸에 익히며, 성스러운 길을 닦고 있는 사람들에게 나타나는 사색·추구·사유·응집·마음의 집중·마음의 확립·말을 형성하는 힘이다. 비구들이여! 성스럽고 더럽지 않으며, 세간을 초월한 길(道)의 항목으로서 바른 사유이다.

삿된 사유를 버리기 위해, 바른 사유를 체득하기 위해 노력하는 사람에게는 바른 노력이 있다. 그가 마음을 바르게 확립하고 삿된 사유를 버리며 바른 사유를 체득하여 살아간다면, 그에게는 바른 사념이 있다.

이와 같이 그에게는 이러한 세 가지가 바른 사유에 따라 함께 생하고 함께 전개한다. 즉 바른 견해·바른 노력·바른 사념이다.

○ **바른 말**

비구들이여! 그 경우 바른 견해는 중요하다. 그럼 어째서 바른 견해가 중요한가?

11. 바른 길과 삿된 길

삿된 말은 삿된 말이라 알고, 바른 말은 바른 말이라 아는 사람에게는 이 바른 견해가 있다.

그럼 삿된 말이란 무엇이겠는가? 거짓말·중상 모략하는 말·거친 말·무의미한 말이다.

그럼 바른 말이란 무엇이겠는가? 나는 바른 말에는 두 가지가 있다고 설한다. 즉 유루와 무루의 바른 말이다.

비구들이여! 그렇다면 어떤 것이 유루의 바른 말인가? 거짓말·중상 모략하는 말·거친 말·무의미한 말을 떠난 것, 이것이 유루의 바른 말이다.

비구들이여! 그렇다면 무루의 바른 말이란 무엇이겠는가? 성스러운 마음·더럽지 않은 마음을 갖고 성스러운 길을 몸에 익히며, 성스러운 길을 닦고 있는 사람들에게 나타나는, 말의 네 가지 악행을 싫어하고, 회피하며 멀리하고 떠난 것, 이것이 무루의 바른 말이다.

삿된 말을 버리기 위해, 바른 말을 체득하기 위해 노력하는 사람에게는 바른 노력이 있다. 그가 바르게 마음을 두루 미치게 하며 삿된 말을 버리고, 바른 말을 체득하여 살아간다면, 그에게는 바른 사념이 있다.

이와 같이 그에게는 이러한 세 가지가 바른 말에 함께 생하고 함께 전개한다. 즉 바른 견해·바른 노력·바른 사념이다.

○ 바른 행동

비구들이여! 그 경우 바른 견해는 무엇보다도 중요하다. 어째서 바른 견해가 중요한가?

삿된 행동을 삿된 행동이라 알고, 바른 행동을 바른 행동이라 아는 사람에게는 이 바른 견해가 있다.

그럼 삿된 행동이란 무엇이겠는가? 살생·도둑질·애욕에 사로잡힌 음란한 행동이 있으니 이것이 삿된 행동이다.

그럼 바른 행동이란 무엇이겠는가? 나는 바른 행동에는 두 가지가 있다고 설한다. 즉 유루의 바른 행동과 무루의 바른 행동이다.

비구들이여! 그렇다면 유루의 바른 행동이란 무엇이겠는가? 살생·도둑질·애욕에 사로잡힌 음란한 행동을 떠난 것이니 이것이 유루의 바른 행동이다.

비구들이여! 그렇다면 무루의 바른 행동이란 무엇이 겠는가? 성스러운 마음·더럽지 않은 마음을 갖고 성스러운 길을 몸에 익히며, 성스러운 길을 닦고 있는 사람들에게 나타나는, 몸의 세 가지 악행을 싫어하고 회피하며, 멀리하고 떠난 것, 이것이 무루의 바른 행동이다.

삿된 행동을 버리기 위해, 바른 행동을 체득하기 위해 노력하는 사람에게는 바른 노력이 있다. 그가 바르게 마음을 두루 미치게 하며 삿된 행동을 버리고, 바른 행동을 체득하여 살아간다면, 그에게는 바른 사념이 있다.

이와 같이 그에게는 이러한 세 가지가 바른 행동에 따라 함께 생기고 함께 전개한다. 즉 바른 견해·바른 노력·바른 사념이다.

○ **바른 생활**

비구들이여! 그 경우 바른 견해는 무엇보다도 중요하다. 어째서 바른 견해가 중요한 것인가?

삿된 생활을 삿된 생활이라 알고, 바른 생활을 바른

생활이라 아는 사람에게는 이 바른 견해가 있다.

그럼 삿된 생활이란 무엇이겠는가? 사기·점을 침·속임·이익을 보고서도 이익을 탐냄이니 이것이 삿된 생활이다.

그럼 바른 생활이란 무엇이겠는가? 나는 바른 생활에는 두 가지가 있다고 설한다. 즉 유루의 바른 생활과 무루의 바른 생활이다.

비구들이여! 그렇다면 유루의 바른 생활이란 무엇이겠는가? 예를 들어 성자의 제자가 삿된 생활을 버리고, 바른 생활법으로써 생활을 영위한다면 이것이 유루의 바른 생활이다.

비구들이여! 그렇다면 무루의 바른 생활이란 무엇이겠는가? 성스러운 마음·더럽지 않은 마음을 갖고 성스러운 길을 몸에 익히며, 성스러운 길을 닦고 있는 사람들에게 나타나는, 삿된 생활을 싫어하고 회피하며, 멀리하고 떠난 것, 이것이 무루의 바른 행동이다.

삿된 생활을 버리기 위해, 바른 생활을 체득하기 위해 노력하는 사람에게는 바른 노력이 있다. 그가 바르게 마음을 두루 미치게 하며 삿된 생활을 버리고, 바른 생활을 체득하여 살아간다면, 그에게는 바른 사념이 있다.

이와 같이 그에게는 이러한 세 가지가 바른 생활에 따라 함께 생기고 함께 전개한다. 즉 바른 견해·바른 노력·바른 사념이다.

○ 8정도·지혜·해탈

비구들이여! 그 경우 바른 견해는 무엇보다 중요하다. 어째서 바른 견해가 중요한 것인가?

비구들이여! 바른 견해를 가진 사람은 바른 사유를 일으킨다. 바른 사유를 하는 사람은 바른 말을 한다. 바른 말을 하는 사람은 바른 행동을 한다. 바른 행동을 하는 사람은 바른 생활을 영위한다. 바른 생활을 하는 사람은 바른 노력을 한다. 바른 노력을 하는 사람은 바른 사념을 일으킨다. 바른 사념을 일으키는 사람은 바른 정신통일을 한다. 바른 정신통일을 하는 사람은 바른 지혜가 생긴다. 바른 지혜가 있는 사람은 바른 해탈을 얻는다.

비구들이여! 이와 같이 하여 여덟 가지 덕목을 몸에 구비한 학자와 열 가지 덕목을 몸에 구비한 성자가 나타난다.

○ 20가지 선한 것과 20가지 선하지 않은 것

비구들이여! 그 경우 바른 견해는 무엇보다 중요하다. 어째서 바른 견해가 중요한 것인가?

비구들이여! 바른 견해를 가진 사람은 삿된 견해를 멸한다. 또 삿된 견해로 인하여 생기는 착하지 않은 무수한 것도 멸한다. 그리고 바른 견해를 인연하는 무수한 선함을 완전히 닦고 익히게 된다.

비구들이여! 바른 사유를 하는 사람은 삿된 사유를 멸한다. 또 삿된 사유를 인연하여 생기는 착하지 않은 무수한 것도 멸한다. 그리고 바른 사유를 인연하는 무수한 선함을 완전히 닦고 익히게 된다.

비구들이여! 바른 말을 하는 사람은 삿된 말을 멸한다. 또 삿된 말을 인연하여 생기는 착하지 않은 무수한 것도 멸한다. 그리고 바른 말을 인연하는 무수한 선함을 완전히 닦고 익히게 된다.

비구들이여! 바른 행동을 하는 사람은 삿된 행동을 멸한다. 또 삿된 행동을 인연하여 생기는 착하지 않은 무수한 것도 멸한다. 그리고 바른 행동을 인연하는 무수한 선함을 완전히 닦고 익히게 된다.

비구들이여! 바른 생활을 하는 사람은 삿된 생활을 멸한다. 또 삿된 생활을 인연하여 생기는 착하지 않은 무수한 것도 멸한다. 그리고 바른 생활을 인연하는 무수한 선함을 완전히 닦고 익히게 된다.

비구들이여! 바른 노력을 하는 사람은 삿된 노력을 멸한다. 또 삿된 노력을 인연하여 생기는 착하지 않은 무수한 것도 멸한다. 그리고 바른 노력을 인연하는 무수한 선함을 완전히 닦고 익히게 된다.

비구들이여! 바른 사념을 하는 사람은 삿된 사념을 멸한다. 또 삿된 사념을 인연하여 생기는 착하지 않은 무수한 것도 멸한다. 그리고 바른 사념을 인연하는 무수한 선함을 완전히 닦고 익히게 된다.

비구들이여! 바르게 정신통일을 하는 사람은 삿된 정신통일을 멸한다. 또 삿된 정신통일을 인연하여 생기는 착하지 않은 무수한 것도 멸한다. 그리고 바른 정신통일을 인연하는 무수한 선함을 완전히 닦고 익히게 된다.

비구들이여! 바른 지혜를 가진 사람은 삿된 지혜를 멸한다. 또 삿된 지혜를 인연하여 생기는 착하지 않은 무수한 것도 멸한다. 그리고 바른 지혜를 인연하는 무수한 선함을 완전히 닦고 익히게 된다.

비구들이여! 바르게 해탈한 사람은 삿된 해탈을 멸한다. 또 삿된 해탈을 인연하여 생기는 착하지 않은 무수한 것도 멸한다. 그리고 바른 해탈을 인연하는 무수한 선함을 완전히 닦고 익히게 된다.

이와 같이 비구들이여! 20가지 선한 것과 20가지 선하지 않은 것이 있다. 수승한 40가지 부문에 대한 진리의 가르침이 이미 펼쳐졌으니, 이것은 사문이나 바라문·신·악마·범천, 혹은 세간의 어떤 사람도 거스를 수는 없다.

○ 진리의 가르침을 비난하는 자에 대한 10가지 논란

비구들이여! 어떤 사문이나 바라문일지라도 만약 그가 이 수승한 40가지 부문에 대한 진리의 가르침을 비난할 만하고 책망할 만한 것이라고 생각한다면, 이 현세에서 진리에 입각한 10가지 어려운 논쟁이 그에게 생길 것이다.

만약 존자가 바른 견해를 비난한다면, 그때 존자는 삿된 견해를 지닌 사문·바라문들을 존경하고 찬탄하게 된다.

만약 존자가 바른 사유를 비난한다면, 그때 존자는 삿된 사유를 지닌 사문·바라문들을 존경하고 찬탄하게 된다.

만약 존자가 바른 말과 바른 행동·바른 생활·바른 노력·바른 사념·바른 지혜·바른 해탈을 비난한다면, 그때 존자는 삿된 해탈을 지닌 사문·바라문들을 존경하고 찬탄하게 된다.

비구들이여! 어떤 사문 혹은 바라문일지라도 만약 그

가 이 수승한 40가지 부문에 대한 진리의 가르침을 비난할 만하고 책망할 만한 것이라고 생각한다면, 이 현세에서 진리에 입각한 10가지 어려운 논쟁이 그에게 생길 것이다.

비구들이여! 무인론자(無因論者)[24]·무행위론자(無行爲論者)[25]·허무론자인 그들조차 수승한 40가지 부문에 대한 진리의 가르침을 비난할 만하고 책망할 만한 것이라고는 생각하지 않을 것이니 그것은 어째서인가? 비난이나 분노·질책을 두려워하기 때문이다."

이상과 같이 세존께서 설하셨다.

비구들은 감격하여 세존께서 설하신 바를 기뻐하며 받들어 행하였다.

12

—

밤 사이에 어진 사람이 되다
(一夜賢者經)

○ **밤 사이에 어진 사람이 되다**

이와 같이 나는 들었다.

어느 때 세존께서는 사왓띠의 기원정사에 머무셨다.

세존께서는 이와 같이 말씀하셨다.

"비구들이여! 밤 사이에 어진 사람이 되는 법을 나는 그대들에게 설하리라. 그것을 듣고 명심하여라."

"존귀하신 스승이시여! 그리하겠습니다."

비구들은 진지하게 대답하였다.

세존께서 다음과 같이 말씀하셨다.

"흘러간 과거를 뒤쫓지 말라.
오지도 않은 미래를 갈구하지도 말라.
과거는 이미 흘러가 버린 것.
미래는 아직 오지 않은 것.
그러므로 현재의 일을
있는 그대로 흔들리지 말고 보아야 한다.

또 흔들림 없이 동요됨이 없이
정확히 보고 실천하여야 한다.
다만 오늘 해야 할 일을 열심히 하라.
누가 내일 죽는 것을 알리오.

저 죽음의 군대와 마주치지 않을 자는 없다.
이와 같이 잘 깨닫는 사람은
한마음으로 게으름 없이
오늘의 일을 실천한다.

12. 밤 사이에 어진 사람이 되다

이와 같은 사람은

'밤 사이에 어진 사람이 되었다'라고 하며

마음의 평정을 얻은 성자라고 한다.

비구들이여! '과거를 쫓는다'는 것은 무엇인가? '과거에는 이와 같은 물질적 현상[色]이 있었다'고 하면서 그것에 기쁨을 얻으려고 애쓴다. '과거에는 이와 같은 느낌[受]·생각[想]·결합[行]·식별[識]이 있었다'고 하면서 그것에 기쁨을 얻으려고 애쓴다.

비구들이여! 바로 이것이 진실로 과거를 쫓는 것이다.

비구들이여! 그럼 '과거를 쫓지 않는다'는 것은 무엇인가? '과거에 이와 같은 물질적 현상이 있었다'고 하여 그것에 기쁨을 얻으려고 애쓰지 않는 것이다. '과거에는 이와 같은 느낌·생각·결합·식별이 있었다'고 하여 그것에 기쁨을 얻으려고 애쓰지 않는다.

비구들이여! 바로 이것이 진실로 과거를 쫓지 않는 것이다.

비구들이여! '미래를 갈구한다'는 것은 무엇인가? '미래에는 이와 같은 물질적 현상이 있을 것이다'라면서 그 것에 기쁨을 얻으려고 애쓴다. '미래에는 이와 같은 느낌 ·생각·결합·식별이 있을 것이다'라면서 그것에 기쁨을 얻으려고 애쓴다.

비구들이여! 이와 같음이 진실로 미래를 갈구하는 것 이다.

비구들이여! 그럼 '미래를 갈구하지 않는다'는 것은 무 엇인가? '미래는 이와 같은 물질적 현상이 있을 것이다' 라면서 그것에 기쁨을 얻으려고 애쓰지 않는다. '미래는 이와 같은 느낌·생각·결합·식별이 있을 것이다'라면서 그것에 기쁨을 얻으려고 애쓰지 않는다.

비구들이여! 이와 같음이 진실로 미래를 갈구하지 않 는 것이다.

비구들이여! '현재의 일에서 흔들린다'는 것은 무엇인 가?

비구들이여! 이 세상에서 법을 듣지 못한 범부는 성 자들을 모르고 성스러운 법을 숙지하지 않으며, 선인(善 人)의 법으로 나아가지 않는다. 선인들을 모르고 선인의 법을 숙지하지 않으며, 선인의 법으로 나아가지 않는다. 물질적 현상을 자신이라고 본다거나 자신을 물질적 현상이라 본다. 혹은 자신에서 물질적 현상을 보거나 물질적 현상에서 자신을 본다. 느낌과 생각과 결합과 식별을 자신이라고 보거나 자신을 식별이라 본다. 혹은 자신에서 식별을 보거나 식별에서 자신을 본다.

비구들이여! 이와 같음이 진실로 현재의 일에 흔들리는 것이다.

비구들이여! '현재의 일에서 흔들리지 않는다'는 것은 무엇인가?

비구들이여! 이 세상에서 법을 들은 성스러운 제자가 성자들을 알고 성스러운 법을 익히 알며, 성스러운 법으로 나아간다. 선인들을 알고 선인의 법을 익히 알며, 선인의 법으로 나아간다. 물질적 현상을 자신이라 보지 않고 자신을 물질적 현상이라 보지 않는다. 혹은 자신에서 물질적 현상을 보지 않고 물질적 현상에서 자신을 보지 않는다. 느낌과 생각과 결합과 식별을 자신이라 보지 않고 자신을 식별이라 보지 않는다. 혹은 자신에서 식별을 보지 않고 식별에서 자신을 보지 않는다.

비구들이여! 이와 같음이 진실로 현재의 일에서 흔들리지 않는 것이다.

홀러간 과거를 뒤쫓지 말라.
오지도 않은 미래를 갈구하지도 말라.
과거는 이미 홀러가 버린 것,
미래는 아직 오지 않은 것,
그러므로 현재의 일을
있는 그대로 흔들리지 말고 보아야 한다.

또 흔들림 없이 동요됨이 없이
정확히 보고 실천하여야 한다.
다만 오늘 해야 할 일을 열심히 하라.
누가 내일 죽는 것을 알리오.

저 죽음의 군대와 마주치지 않을 자는 없다.
이와 같이 잘 깨닫는 사람은

12. 밤 사이에 어진 사람이 되다

한마음으로 게으름 없이

오늘의 일을 실천한다.

이와 같은 사람은

'밤 사이에 어진 사람이 되었다'고 하며

마음의 평정을 얻은 성자라고 한다.

비구들이여! 밤 사이에 어진 사람이 되는 법을 그대들에게 설하노니 그것은 이와 같은 이유에서였다".

이와 같이 세존께서 말씀하셨다.

기뻐하는 비구들은 세존께서 설하신 가르침을 크게 찬탄하고 받들어 행하였다.

13
—

네 가지 성스러운 진리
(四諦分別經)

○ 네 가지 성스러운 진리

이와 같이 나는 들었다.

어느 때 부처님께서는 바라나시의 선인이 사는 사슴동산에 계시면서 여러 비구들에게 말씀하셨다.

"비구들이여, 여래·존경받을 만한 이[阿羅漢]·바르게 깨달은 이[正等覺者]는 일찍이 바라나시 외곽, 선인이 모이는 곳에 있는 사슴동산에서 위없는 법륜을 굴렸나니, 이것은 사문·바라문·신·악마·범천·혹은 세간의 어떤 사람도 부정할 수 없는 것이다. 즉 그것은 네 가지 성스러운 진리[四聖諦]를 잘 분별하여 설함이다.

네 가지의 진리란 무엇인가? 괴로움이 소멸하는 길의 성스러운 진리[苦滅道聖諦]가 그것이다.

비구들이여! 여래·존경받을 만한 이·바르게 깨달은 이는 일찍이 바라나시의 선인이 사는 사슴동산에서 위없는 법륜을 굴리셨는데, 이것은 사문·바라문·신·악마·범천·혹은 세간의 어떤 사람도 부정할 수 없는 것이다. 즉 그것은 이러한 네 가지 성스러운 진리를 잘 분별하여 설함이다.

비구들이여! 사리뿟따와 목갈라나를 잘 섬기고 따라 배워야 한다.

사리뿟따와 목갈라나를 친절히 대하여라. 그들은 현명한 비구이고, 청정한 생활을 하는 이들을 가르치고 보호해 주는 이들이다.

비구들이여! 사리뿟따는 마치 생모(生母)와 같고 목갈라나는 마치 태어난 아이를 양육하는 것과 같으니라.

비구들이여! 사리뿟따는 성자의 흐름에 드는 경지[預

流果]를 향해 인도하고, 목갈라나는 최고의 목적을 향해 인도한다. 사리뿟따는 네 가지 성스러운 진리를 상세하게 분별하여 설할 수 있다."

세존께서는 이와 같이 설하셨다. 그리고 행복한 이[善逝]께서는 자리에서 일어나 정사로 돌아가셨다.

○ **사리뿟따의 설법**

그리고 사리뿟따 존자는 세존께서 가신 지 얼마되지 않아 비구들에게 "우애로운 비구들이여"라고 불렀다. "벗이여"라고 비구들이 대답하자 존자는 다음과 같이 말하였다.

"벗들이여! 여래·존경받을 만한 이는 선인이 모이는 곳에 있는 사슴동산에서 위없는 법륜을 굴리셨는데, 이것은 사문·바라문·신·악마·범천·혹은 세간의 어떤 사람도 부정할 수 없는 것이다. 즉 그것은 네 가지 성스러운 진리를 잘 분별하여 설하는 것이다.

네 가지의 진리란 무엇인가?

괴로움[苦]이 모이고[集] 없어져[滅] 도[道]는 성스러운 진리를 잘 분별하여 설하는 것이다.

○ 괴로움이라는 성스러운 진리

벗들이여! 그렇다면 괴로움이라는 성스러운 진리란 무엇이겠는가?

태어남은 괴로움이고, 늙음도 괴로움이며, 죽음도 괴로움이고, 근심·슬픔·아픔·번뇌·번민도 괴로움이다. 구하여도 얻지 못하니 그것도 괴로움이다. 요컨대 다섯 가지로 이루어져 집착된 물질과 마음의 덩어리[五取蘊]는 괴로움이다.

벗들이여! 태어남이란 무엇인가?

생명체가 여러 부류로 태어나는 것, 출생·출현·생기(生起)·발생·생체를 구성하는 여러 요소의 현현(顯現)·여러 감각기관의 획득, 이것이 태어남이라 할 수 있다.

벗들이여! 늙음이란 무엇이겠는가?

생명체의 여러 생명들 가운데서 늙어 가는 것이니 노

쇠·치아 훼손·백발·주름살·활력 감퇴·여러 감각기관의 노화, 이것이 늙음이라 하는 것이다.

벗들이여! 죽음이란 무엇인가?

생명체의 여러 생명들 가운데서 죽어 없어지는 것들, 사거(死去)·파멸·멸몰·사멸·사망·임종·생체를 구성하는 여러 요소의 파괴·시체의 버려짐이니 이것이 죽음이라 하는 것이다.

벗들이여! 근심이란 무엇인가?

무엇인가 불행을 느끼고 있는 이, 무엇인가 괴로움을 느끼고 있는 이에게 있는 근심·우수·근심스러운 마음 상태·내적인 근심·내적으로 깊은 근심이니 이것이 근심이라 하는 것이다.

벗들이여! 슬픔이란 무엇인가?

무엇인가 불행을 느끼고 있는 이, 무엇인가 괴로움을 느끼고 있는 이에게 있는 한탄·슬픔·비판·흐느낌·한스러운 마음 상태·슬픈 마음 상태이니 이것이 슬픔이라 하는 것이다.

벗들이여! 아픔이란 무엇인가?

몸의 통증·몸의 불쾌함·몸의 접촉에서 생기는 통증·불쾌한 감각이니 이것이 아픔이라 하는 것이다.

벗들이여! 번뇌란 무엇인가?

정신적인 불쾌함·마음의 접촉에서 생기는 괴로움·불쾌한 감각이니 이것이 번뇌라 하는 것이다.

벗들이여, 구해도 얻지 못하는 괴로움이란 무엇이겠는가? 태어나는 본성을 지닌 생명체는 이와 같은 바람이 일어난다.

'아, 실로 우리들이 태어나는 본성을 지닌 자가 아니라면, 또 실로 우리들에게 태어남이 일어나지 않는다면'이라고.

그러나 이것은 희구한다 해도 이루어질 수 없다. 이것이 구하여도 얻지 못하는 괴로움이라 하는 것이다.

벗들이여! 늙음이라는 본성을 지닌 생명체에게 이와 같은 희구가 일어난다.

'아, 실로 우리들이 늙음이라는 본성을 지닌 자가 아니라면, 또 실로 우리들에게 늙음이 일어나지 않는다면'이라고.

그러나 이것은 희구한다 해도 이루어질 수 없다. 이것이 구하여도 얻지 못하는 괴로움이라 하는 것이다.

벗들이여! 병(病)이라는 본성을 지닌 생명체는 이와 같은 바람이 일어난다.

'아, 실로 우리들이 병이라는 본성을 지닌 자가 아니라면, 또 실로 우리들에게 병이 생기지 않는다면'이라고.

그러나 이것은 희구한다 해도 이루어질 수 없다. 이것이 구하여도 얻지 못하는 괴로움이라 하는 것이다.

벗들이여! 죽음이라는 본성을 지닌 생명체에게 이와 같은 바람이 일어난다.

'아, 실로 우리들이 죽음이라는 본성을 지닌 자가 아니라면, 또 실로 우리들에게 죽음이 없다면'이라고.

그러나 이것은 희구한다 해도 이루어질 수 없다. 이것이 구하여도 얻지 못하는 괴로움이라 하는 것이다.

벗들이여! 근심·슬픔·고통·번뇌·번민이라는 본성을 지닌 생명체에게 이와 같은 바람이 일어난다.

'아, 실로 우리들이 근심·슬픔·고통·번뇌·번민이라는 본성을 지닌 자가 아니라면, 또 실로 우리들에게 근심·

13. 네 가지 성스러운 진리

슬픔·고통·번뇌·번민이 없다면'이라고.

그러나 이것은 희구한다 해도 이루어질 수 없다. 이것이 구하여도 얻지 못하는 괴로움이라 하는 것이다.

벗들이여! 그럼 요컨대, 다섯 가지로 이루어져 집착된 물질과 마음의 덩어리인 괴로움이란 무엇인가?

즉 집착된 물질의 덩어리[色取蘊]·집착된 느낌의 덩어리[受取蘊]·집착된 생각의 덩어리[想取蘊]·집착된 결합의 덩어리[行取蘊]·집착된 식별의 덩어리[識取蘊], 이러한 것이 다섯 가지로 이루어져 집착된 물질과 마음의 덩어리를 괴로움이라 할 수 있다.

이상이 괴로움이라는 성스러운 진리라 하는 것이다.

○ **괴로움의 원인이라는 성스러운 진리**

벗들이여! 괴로움의 원인이라는 성스러운 진리란 무엇인가?

그것은 다시 미망(迷妄)의 생존으로 나아가고 기쁨과 탐욕을 쫓으며, 도처에서 환락을 구하는 갈애이다. 즉 욕망에로 나아가는 갈애·생존에 대한 갈애·생존의 단멸에 대한 갈애이다. 이것이 괴로움의 원인이라는 성스러운 진리인 것이다.

○ 괴로움의 멸진이라는 성스러운 진리

벗들이여! 괴로움의 멸진이라는 성스러운 진리란 무엇인가?

그것은 이 갈애를 남김없이 떠나 모두 멸하며, 버리고 포기하며, 해탈하고 집착하지 않는 것이다. 이것이 괴로움의 멸진이라는 성스러운 진리인 것이다.

○ 괴로움의 멸진에 도달하는 길이라는 성스러운 진리

벗들이여! 괴로움의 멸진에 도달하는 길이라는 성스러운 진리란 무엇이겠는가?

그것은 여덟 가지의 성스러운 길[八聖道]이다. 즉 바른 견해·바른 사유·바른 말·바른 행동·바른 생활·바른

13. 네 가지 성스러운 진리

노력·바른 사념·바른 정신통일이다.

벗이여! 바른 견해란 무엇이겠는가? 괴로움에 대한 지혜, 괴로움의 원인에 대한 지혜, 괴로움의 멸진에 대한 지혜, 괴로움의 멸진에 도달하는 길에 대한 지혜를 바른 견해라 한다.

바른 사유란 무엇이겠는가? 탈속(脫俗)하려는 사유, 증오하지 않는 사유, 해치지 않는 사유를 바른 사유라 한다.

바른 말이란 무엇이겠는가? 거짓말을 떠남, 중상모략하는 말을 떠남, 해치는 말을 떠남, 거친 말을 떠남, 무의미한 말을 떠남을 바른 말이라 한다.

바른 행동이란 무엇이겠는가? 살생을 떠남, 도둑질을 떠남, 애욕에 사로잡힌 음란한 행동을 떠남을 바른 행동이라 한다.

바른 생활이란 무엇이겠는가? 성자의 제자가 삿된 생활법을 버리고 바른 생활법에 의해 생활을 영위한다. 이것이 바른 생활이라 한다.

바른 노력이란 무엇이겠는가? 여기에서는 비구는 아

직 일어나지 않은 악하고 선하지 않은 법이 발생하지 않도록 의욕을 발하며, 노력하고 부지런히 정진하며, 마음을 분발하고 정신을 가다듬는다. 이미 발생한 악하고 선하지 않은 법을 단절하고자 의욕을 발하며, 정신을 가다듬는다. 아직 일어나지 않은 선함이 일어나도록 의욕을 발하며, 정신을 가다듬는다. 이미 일어나 있는 선함이 지속되고 혼란되지 않으며, 증장하고 널리 커지고 닦아 익히며, 완전하게 되도록 의욕을 발하고 정신을 가다듬는다. 이것이 바른 노력이라 한다.

바른 사념이란 무엇이겠는가? 여기에서 비구는 몸에 대해 몸을 관찰하며, 열의를 갖고 바르게 의식하며, 바른 마음을 두루 미치게 하고 세간에 대한 욕심과 근심을 다스려야 한다. 여러 가지 느낌에 대해, 마음에 대해, 여러 가지 사물에 대해 사물을 관찰하며, 열의를 갖고 바르게 의식하며, 바른 마음을 두루 미치게 하고 세간에 대한 욕심과 근심을 다스려야 한다. 이것이 바른 사념이라 한다.

바른 정신통일이란 무엇이겠는가? 여기에서 비구는

욕망을 떠나고 선함에 어긋나는 일을 떠나, 혹은 거친 사고와 섬세한 사고가 남아 있고 원리에서 생기는 기쁨과 안락이 있는 선정의 제1단계[初禪]를 체득하며 머문다.

혹은 거친 사고와 섬세한 사고를 가라앉게 하여 마음이 청정하게 되고 마음을 한 곳에 집중하며, 거친 사고와 섬세한 사고를 여읜 정신통일에서 생기는 기쁨과 안락함이 있는 선정의, 제2단계[第二禪]를 체득하여 머문다.

기쁨을 떠나 평정하게 지내고 바른 마음을 두루 미치게 하며, 바르게 의식하고 몸에 안락함을 느끼며, 그것을 성자들이 '평정하고 바른 마음을 두루 미치게 하며, 안락함 속에서 지내는 것'이라 설하는 선정의 제3단계[第三禪]를 체득하여 머문다.

안락함과 괴로움을 버려 지금까지의 근심과 괴로움을 멸함으로써 괴롭지도 즐겁지도 않고 평정함과 바른 마음으로 청정해진 선정의 제4단계[第四禪]를 체득하여 머문다.

이것을 바른 정신통일이라 한다.

벗들이여! 이것을 괴로움의 멸진에 도달하는 여덟 가지 성스러운 진리[八正道·八聖道]라 한다.

벗들이여! 여래·존경받을 만한 이·바르게 깨달은 이께서 예전에 바라나시 외곽, 선인이 모이는 곳에 있는 사슴동산에서 위없는 법륜을 굴리셨는데, 이것은 사문·바라문·신·악마·범천·혹은 세간의 어떤 사람도 부정할 수 없는 것이다. 즉 그것은 이러한 네 가지 성스러운 진리를 잘 분별하여 설하고자 함이다."

이와 같이 사리뿟따 존자가 설하였다. 비구들은 감격하여 사리뿟따 존자가 설한 바를 듣고 기뻐하였다.

역주(譯註)

•

1) 자이나교단의 우두머리인 나따뿟따 : 부처님과 동시대에 존재했던 인물로서 자이나교를 이끌었던 사람. 니간타(속박에서 해방된 자)라고 불린 자이나교단의 우두머리로 종종 불교경전에 등장한다. 지금도 자이나교(教)는 인도 종교의 하나로서 존재하고 있다.

2) 네 가지 억제 : 자이나교도는 네 가지의 규칙에 의해서 자기를 절제한다고 한다. 자이나교의 『주석서』에 의하면 모든 물(水)을 억제하는 것은 모든 찬물을 거부한다는 것을 의미한다고 한다. 그 이유는 찬물에는 많은 생물들이 살아 있기 때문에 그 물을 사용하지 않는다는 것이다. 여기에서 모든 물이라는 것은 모든 악을 가리키는 말이다.

3) 단다카숲, … 마탕가숲 : 신화에 의하면 이 숲들은 본래는 도시였는데 신들의 노여움에 의해 폐허가 되어버렸다고 『자따까』에 기술되어 있다.

4) 용왕(나가) : 뱀, 머리가 여러 개[多頭]인 뱀으로 힌두교에서 신성시하는 신의 사자. 부처님 수행 시 이 뱀이 부처님을 수호하였다. 물짐승이나 육지의 모든 짐승 중의 왕으로서 세존을 가리킨다.

5) 과거 부처님의 일곱 번째 : 비팟싱(비바시), 시킴(시기), 벳사브(비사부), 카쿠산다(구류손), 코나가마나(구나함), 까사빠(가섭) 부처님의 과거의 부처님이며 고따마 부처님이 그 일곱째 부처님이다.

6) 세 가지 지혜[三明] : 과거세계에서의 중생의 삶의 모습을 아는 힘[숙명통], 모든 중생의 미래 운명을 간파하는 힘[천안통], 괴로

움이 일어나는 것과 그것을 멸해가는 길에 대해 아는 힘[누진통]의 세 가지 능력을 가리킨다.

7) 그 자리에서 … 말았다 : 『주석서』에 의하면 그후 나따뿟따는 들것에 실려 파바로 옮겨졌으나 곧 숨을 거두었다고 한다. 또한 이 붉은 피를 토해 낸 원인은 심장과 폐를 연결한 혈관이 터졌기 때문이 아닐까 하는 의견도 있다.

8) 오욕(五欲) : 눈·귀·코·혀·몸의 다섯 가지 감각기관을 통해 누리는 다섯 가지 대상으로서 색·소리·냄새·맛·촉감을 가리킨다.

9) 바셋따와 바라드와자 : 이 두 사람의 청년은 『장부경전』제13경 (삼명경)이나 『숫따니빠따』 제3, 9(바셋따) 등에서는 베다를 신봉하는 바라문으로 등장하여 부처님의 가르침을 받은 후 불교에 귀의해서 재가신자가 되었다. 그런데 이 경에서는 두 사람이 처음부터 비구를 지망하여 수행하고 있는 사람으로 등장한다. 바라드와자라는 성은 예로부터 대표적인 바라문의 성(姓)이며 바셋따 또한 불전에서는 대개가 바라문의 성으로 출현한다.

10) 깨달음을 향한 길을 이루는 일곱 가지 사항[七覺支] : 깨달음을 돕는 일곱 가지. 깨달음의 지혜를 돕는 일곱 가지 수행. 택법각지(擇法覺支 : 가르침 가운데 진실한 것을 가려내어 갖고 거짓된 것을 버림)·정진각지(精進覺支 : 열심히 노력함)·희각지(喜覺支 : 진실한 가르침을 실행하는 기쁨에 머묾)·경안각지(輕安覺支 : 심신을 가뿐히 하고 쾌적하게 함)·사각지(捨覺支 : 대상을 향한 좋고 싫은 마음에서 담담해짐)·정각지(定覺支 : 마음을 한 곳에 집중하여 흐트러지지 않음)·염각지(念覺支 : 생각을 항상 밝게 하여 잊지 않음).

역주

11) 우기(雨期)의 하안거(夏安居) : 7월에서 9월까지 3개월 동안의 우기(雨期)를 가리킴. 이것을 하안거라고도 한다. 이 기간 동안은 외출하지 않고 수행에 힘쓰는 기간으로 정한다.

12) 세 가지 초인적인 능력[三明] : 앞의 주 6) 참조.

13) 무니 : 깊은 산속이나 숲속에 머물면서 침묵을 지키며 수행하는 사람. 성자·현자의 의미로 쓰인다.

14) 성문(聲聞) : 부처님의 음성(가르침)을 듣고 깨달음을 구하는 수행자. 불제자의 하나.

15) 분소의 : 쓰레기더미에 버려져 있던 헝겊을 잇대어 만든 옷. 출가자는 원칙적으로 이것을 재료로 하여 옷을 만들어 입는다.

16) 아홉 가지의 선정 : 초선(初禪)에서 제5선(第五禪)의 다섯 가지 색계선(色界禪)과 공무변처(空無邊處)·식무변처(識無邊處)·무소유처(無所有處)·비상비비상처(非想非非想處)의 네 가지 무색계선(無色界禪).

17) 악마 파피야스 : 악마란 본래 죽음의 신을 가리키며 인간을 위협하여 선한 일을 못하게끔 훼방 놓는 악귀로 이해되고 있다. 파피야스는 마왕의 이름.

18) 오온(五蘊) : 다섯 가지 근간(根幹). 즉 색·느낌[受]·생각[想]·결합[行]·식별[識]의 다섯 가지로 인간 존재의 근본을 이루고 있는 요소를 가리킨다.

19) 네 가지 여의족(如意足) : 바른 뜻·선을 향한 용기·생기 넘치는 마음·깊은 사색의 힘에 의해 얻어지는 뛰어난 삼매. 이 삼매를 기반으로 하여 여러 가지 기적을 나타내는 것을 여의족이라고

한다.

20) 조건(條件) : 여기에서는 간접적 원인·보조적 조건을 의미한다.

21) 요건(要件) : 원래는 비구의 수행생활에서 필수불가결한 '자구(資具)' 즉 '필수품'을 의미한다.

22) 화생(化生) : 불교에서는 모든 생명체가 태어나는 방법을 네 가지로 나누고 있는데 모태에서 태어난 것[胎生]·알에서 태어난 것[卵生]·습기 속에서 태어난 것[濕生]·어떤 것에 의지하지 않고 홀연히 태어난 것[化生]이 그것이다.

23) 택법각지(擇法覺支) : 깨달음을 얻기 위해 설정한 일곱 가지 요건[七覺支] 가운데서 하나.

24) 무인론자(無因論者) : 모든 존재나 인간의 행위에 대해서 원인이나 조건을 부정하는 사람.

25) 무행위론자(無行爲論者) : 모든 행위에 대해 도덕적인 책임을 부정하는 사람.

아함경 해설

아함(阿含)이라는 말은 부처님의 말씀 가운데 '처음으로 전승된 가르침'이라는 뜻으로 산스끄리뜨어[梵語]로는 아가마(āgama)라고 한다.

부처님 입멸 후, 부처님의 가르침은 부처님을 직접 모시고 살았던 제자들의 기억 속에 남아 있었다. 그리하여 전통적인 방법, 즉 암송에 의해 전해지고 있었다.

최초의 조직적 경전 편집은 라자가하에서 있었다. 부처님의 10대제자 중 상수(上首)제자인 마하가섭을 중심으로 하여 아난다가 경(經)을, 우빨리가 율(律)을 각각 맡

아 암송에 의한 대편찬이 이루어졌다. 이것을 제1결집이라 부른다. 빨리의 5부 아함과 한역의 4아함이 이때 결집되었다고 전해진다.

그러나 현존의 아함은 부파 전승의 과정 속에서 많은 부분 탈락·첨삭·가감이 되었다는 점을 부인할 수 없다. 그러나 비교적 부처님 생존시 육성을 가장 많이 담고 있는 경전은 역시 빨리 5부와 한역 4아함을 드는데 이론의 여지가 없는 것 또한 사실이다.

그러한 부처님의 근본 가르침이 산스끄리뜨어로 씌어져 인도의 북부를 타고 중국으로 전해져 우리나라에 이르렀는데 그것을 한역으로 '아함(阿含)'이라고 하며, 빨리어로 씌어져 인도의 남부지방을 타고 내려가 동남아시아에 이르른 가르침은 '니까야(Nikāya, 部)'라고 한다.

똑같은 부처님의 말씀이긴 해도 그 지역과 문화, 언어의 전승에 따라 '아함'과 '니까야' 사이에는 다소 차이가 있다.

아함경은 장아함, 중아함, 잡아함, 증일아함의 4아함으로 이루어져 있다.

아함경 해설

그중 장아함은 주 내용이 부처님께서 당시 교단 이외의 사람들을 만나 정법을 가르치며 외도의 그릇된 주장을 논파하는 것으로 이루어져 있고, 중아함은 부처님과 여러 비구들의 법담이 주 내용이며, 잡아함은 아주 짧은 길이의 경들이 많이 모여 있으며, 불교의 깊은 교리적인 내용이 차지하고 있다. 특히 이 잡아함에는 참선 수행의 필요성과 방법, 부처님의 수행 모습이 상세히 언급된 많은 종류의 경이 수록되어 있다. 한편 증일아함은 부처님의 가르침이 숫자에 의거하여 수록되어 있는 경으로 1에서 11까지의 숫자에 관계된 가르침이 차례로 열거되고 있다.

한편 니까야는 5부로 이루어져 있다. 그중 장부와 중부는 한역 장아함과 중아함에 해당되고 상응부니까야는 잡아함에 해당되며 증지부니까야는 증일아함에 각각 해당된다.

내용상으로는 큰 차이가 없다. 그러나 니까야에는 한역 '아함'에는 없는 소부(小部)가 포함되어 있다. 소부에는 특히 우리들에게 친숙한 법구경이나 숫따니빠따, 본

생담, 우다나, 이띠붓따까 등이 들어 있어 한역 아함과는 다른 독특한 전승의 차이를 보이고 있다.

　부처님께서 열반에 드신 지 100년쯤 지나서 교단의 분열이 이루어진다. 교단의 분열은 이후 약 20개의 부파가 형성된다. 이 중에서 상좌부는 바로 빨리어로 전해진 니까야를 소의경전으로 채택하였다.

　본 민족사판 아함경은 바로 위에서 말한 5부 니까야 가운데에서 일반인들이 꼭 읽어야 할 경과, 비교적 쉬운 내용으로 경전을 통해 불교 교리를 직접 알 수 있는 경들을 가려서 엮은 것이다. 제목은 아함경이지만 한역 아함에서 뽑은 것이 아니라, 빨리 니까야에서 뽑은 것이다. 그러나 '니까야'라는 말이 아직 우리나라 불교인들에겐 생소하기 때문에 한역 명칭인 '아함'을 사용했다.

　'아가마'는 '아함', '니까야'는 '부(部)'라고 부른다. 그렇지만 일반독자는 최초로 결집된 불교경전이 남쪽으로 내려가서는 빨리 5부 니까야가 되고, 북쪽으로 넘어가서 한역 4아함이 되었다라고 정리하는 편이 쉬우리라.

　　　　　　　　　　　　　　　　　　아함경 해설

본 아함경은 재가인들의 출가와 귀의, 선과 악의 구별, 그리고 일상생활에서 지켜야 할 교훈적인 덕목을 설한 경전을 중심으로 엮었다.

여기에 수록된 경은 다음과 같다.

(1) '싱갈라를 가르치다(敎誡싱갈라經)' : 부처님께서 부호의 아들 싱갈라에게 동·서·남·북·상·하의 여섯 방위를 세속의 인간관계에 대응시켜서, 각각의 위치에 있는 사람들이 지녀야 할 태도와 자세를 세속의 윤리에 입각해 설한 경이다.

(2) '우빨리의 귀의(우빨리經)'은 : 자이나교도인 우빨리가 부처님의 가르침에 따라 불제자가 되고 난 후, 이전에 자기가 모시던 스승인 나따뿟따에게 세존의 지고함을 여러 가지 비유로써 설명을 하는 경으로, 이때 나따뿟따는 자기가 믿었던 재가신도인 우빨리가 부처님을 찬미하자 분통을 이기지 못해 피를 토한다.

(3) '라타파라의 출가(라타파라經)' : '라타파라'라고 하는 부잣집 외아들이 출가하고자 결심하여 부모의 허락을 겨우 얻어내 출가하기까지의 모습이 자세하게 그려지

고 있으며, 출가하고 난 뒤 세속의 부모와 국왕을 교화하는 모습이 담겨 있다.

(4) '진리의 상속자(법사경)' : 비구가 세존의 법의 상속자임을 재천명하는 것을 내용으로 하고 있다. 부처님께서 남기신 음식을 두고 한 사람은 배가 고파 그것을 먹고, 또 한 사람은 자신은 이런 '재물의 상속자'가 아니라 '법의 상속자'라고 말하면서 몹시 허기가 졌음에도 불구하고 음식을 먹지 않는다. 이것을 두고 '비구는 법의 상속자'가 되어야 한다고 가르치는 경이다.

(5) '인간 사회의 성립과 기원(기원경)' : 인도 4성계급의 제1위인 바라문 출신의 두 비구가 같은 종족사람들의 업신여김을 부처님께 하소연하자 부처님께서 그 비구들에게 계급과 인간사회가 어떻게 생겨났는가 하는 기원을 설명하면서 법을 추구하는 사문이 바로 제1계급임을 강조하고 있다

(6) '뿌르나를 가르치다(教誡뿌르나經).' (7) '까사빠 장로(가섭 비구).' (8) '바칼리를 가르치다.' (9) '비구니와 악마의 대화'까지는 모두 불제자의 수행 모습과 전법(傳法)

의 모습이 담긴 경전이다.

먼저 (6) '뿌르나를 가르치다(뿌르나經)'는 유명한 '뿌르나의 전법 이야기'가 실려 있고, (7) '까사빠 장로'(가섭 比丘)는 가섭의 훌륭한 두타행을 칭찬하면서 모든 비구도 그와 같이 수행해야 함을 역설하시는 부처님의 말씀과 아울러 아난다와의 언쟁도 담겨 있다.

(8) '바칼리를 가르치다'는 죽음 직전에 이른 바칼리 비구가 마지막으로 법에 품은 의심들을 부처님께서 친히 오셔서 풀어주어 죽음과 함께 성자의 위치에 오른다는 내용이다.

(9) '비구니와 악마의 대화'는 당시 비구니들의 견고한 지계와 훌륭한 선정의 모습을 보고 악마가 와서 방해하지만 그런 악마의 마음을 꿰뚫어보고 게송으로 악마를 물리치는 비구니 스님들의 진정한 구도의 자세를 볼 수 있다.

(10) '독화살의 비유(마룽끼야經)'는 유명한 '독화살의 비유'가 설해진 경이다. 궁극적인 의문에 대해 속시원한 해답을 주지 않는 부처님을 원망하는 마룽끼야를 독화

살의 비유를 들어 다시 수행에 전념케 한다는 내용으로서, 우리에겐 너무나 잘 알려진 경이다.

(11) '바른 길과 삿된 길(大四十經)'은 바른 견해와 삿된 견해(바르지 못한 견해), 바른 생활과 바르지 못한 생활 등에 대하여 설하고 있다.

(12) '밤 사이에 어진 사람이 되다(一夜賢者經)'는 냉철한 판단으로 현재의 삶과 일, 그리고 오늘 해야 할 일을 열심히 하라는 인생의 지침과도 같은 명구적인 내용이 설해져 있다.

(13) '네 가지 성스러운 진리(四諦分別經)'는 고집멸도(苦集滅道) 4성제에 대하여 자세히 분석하고 있다.

이상과 같이 본 『아함경』에서는 주로 부처님께서 설하신 경전 중에서 주로 재가불자들이 지켜야 할 덕목과 규범, 그리고 우리가 알아야 할 간단한 교리 중심으로 엮었다.

니까야에는 이런 일화 같은 내용의 경전뿐만 아니라 인간과 세계의 존재 모습을 자세하게 나타내고 있는 교리적인 내용이 상응부와 증지부를 중심으로 엄청난 양과 함께 설해지고 있다.

이 한 권으로 짧고 긴 수천의 아함경전 내용을 포괄할 수는 없을 것이다. 그러나 독자들은 대략이나마 아함경에는 주로 어떠한 경전들이 모여 있으며 그 내용은 주로 어떤 내용인지에 대하여 어느 정도는 느낄 수 있으리라.

역자 소개_ **돈연**

1949년 전남 나주에서 출생하였으며, 현재 강원도 정선의 두타산 북쪽 기슭에 두타초암(頭陀草庵)을 짓고 농사를 지으며 정진하고 있다. 시집으로 『벽암록』, 『순례자의 노래』, 『산사의 하루』, 『원시경전 잡아함경』 등이 있다.

아함경

초판 1쇄 발행 | 2019년 1월 30일 초판 2쇄 발행 | 2024년 1월 5일

옮긴이 | 돈연

펴낸이 | 윤재승 펴낸곳 | 민족사

주간 | 사기순 기획홍보팀 | 윤효진 영업관리팀 | 김세정

출판등록 | 1980년 5월 9일 제1-149호
주소 | 서울 종로구 삼봉로 81 두산위브파빌리온 1131호
전화 | 02)732-2403, 2404 팩스 | 02)739-7565
홈페이지 | www.minjoksa.org
페이스북 | www.facebook.com/minjoksa
이메일 | minjoksabook@naver.com

ⓒ 민족사, 2019

ISBN 979-11-89269-14-2 (04220)
ISBN 979-11-89269-12-8 (04220) 세트